CHRISTIAN MOU

CHILDRE S HOME

六龜山地育幼院
新院舍築成記

陳辰后、劉佳旻 著

在山中造一個家

原點
UNI-BOOKS

Chapter 1

部落的孩子
神的孩子

沿著荖濃溪進入六龜，印象總是層層疊疊的遠山與伴著公路不停延伸的溪谷。六龜山地育幼院就在這群山與溪流沖刷的谷地間，像是受到自然包覆、遠離塵世的世外桃源。六十多年前，一位名為楊煦的老牧師在這裡造起第一座磚屋，成立了臺灣唯一以原住民孩童為收容對象的山地育幼院，在這裡發生的動人故事，使它幾乎成為一整個世代的集體記憶。

本章內容構成感謝六龜山地育幼院院長楊子江、師母朱世珍、教保組組長劉行健以及林秀真老師訪談及素材提供。

開車順著沿著高、屏縣界曲走的荖濃溪往山裡走，跟著溪流迴過十八羅漢山，六龜小鎮就是入山第一個會遇到的聚落。一路的景色都是深沉的綠色山壁與大面積裸露的河床，它也是高雄縣界內「距離平地」最遠的行政區——整個腹地由荖濃溪沖刷成型，貼沿著溪畔長出的六龜聚落就在山與溪川之間，往往以橋跨溪相銜。

車窗外的風景，總是層層疊疊的遠山之間浮盪著雲氣；有時霧濛、有時清醒。進了六龜就是閑靜的小鎮風情，就算是街上透早的市集，也少見攤販的喧鬧跟吆喝，而是一種緩鬆的氣息間混著細瑣的招呼話語聲。這個山城小鎮總讓來自都市塵囂的人們不自覺放鬆不少。

遠眺六龜名景十八羅漢山。

然而一百年前的六龜並不是這樣安穩的所在。因為地處入山要衝，在未開墾前，六龜的蓊鬱林相與天然的生態就是高山原住民的獵場；屯墾時期更是原住民、平埔族與客家多族群混居的狀態，也成為平地與山地物資交易補給的地點。日治時期，這樣的地緣關係讓六龜成為林業的重要據點；而除了伐木、採樟產業盛行之外，在一九二八年開始直到光復初期，更因氣候適宜而成為培育能提煉治療瘧疾藥物「奎寧」的金雞納樹育苗、培植的演習林場。國民政府光復後大規模伐木、開闢林道的政策，吸引了大量移民入居，造就了小鎮文化多元融混的移民社會性格，讓六龜小鎮在五〇年代成為有著繁盛榮景的山城。

1

六龜小鎮裡的老牧師

文史書裡常常這樣描述過去山城的榮景：最熱鬧的時期，六龜街上有兩家電影院、也有時髦的百貨行與布店，五金行與打鐵店林立，因為木材進出的生意人眾多，因此街上也有許多旅舍。雖然這樣的榮景已不復見於現在的六龜小鎮，但是這些歷史仍然細細地密布在這個安靜的小鎮上。幾次進來六龜住的民宿，就有老闆是在民國五、六十年代舉家從屏東遷居到六龜的住民第二代，也有從林務局公務員退休的老爺爺。

談到六龜小鎮，幾乎沒有人不談到六龜山地育幼院（全名為財團法人高雄立私立基督教山地育幼院，後文以「六龜山地育幼院」或「育幼院」簡稱之）與楊煦老牧師。他在一九五〇年代年中期、恰好是這個小小山城最繁盛的時期來到這裡佈道。

1. 楊煦牧師與師母林鳳英攝於教會。**2.** 民國 **67** 年楊煦夫婦與楊恩典及院童合影。

楊煦在光復初期跟著政府來到臺灣，當時他還是剛從學校畢業的年輕老師。來到臺灣後，他先落腳在中部，因同學介紹到了豐原高中、而後到了臺中師範學院教書——楊煦跟山裡孩子們的緣分就從這裡開始。在臺中師範，他教的是集結來自全臺各地優秀原住民的山地班，臺灣第一位原住民立委華愛就是當時受教於楊煦的學生之一。深深感受到山裡孩子純樸靈動特質的楊煦，從那時開始對原住民的孩子們就特別關心，也這樣因緣際會地認識了來自泰雅族的師母林鳳英。

來自山東的楊煦，講話帶著濃濃的山東腔；而師母因為受過日本小學教育，講的則是日語跟泰雅族母語，兩人最初幾乎無法以言語溝通。到神學院念書時期，一家人住在學校宿舍，宿舍裡頭票選模範夫妻的時候提名了楊煦夫婦。「他們說從來沒聽過這對夫妻吵架的聲音，因為他們兩個言語不通，平常溝通都是比手劃腳。」兩人的次子、也是現在山地育幼院院長楊子江笑著說。

民國四十四年神學院畢業後，楊煦為體貼原住民妻子林鳳英，自願申請到南部偏鄉六龜佈道、傳福音，因為靠近山林，過慣山裡生活的妻子會比較適應。就這樣，楊煦帶著一家妻小從神學院所在的臺北搭車，駛過整個臺灣島，迢迢地來到高雄。才發現六龜山城竟然這樣遠：從高雄市區沒有直達的巴士，一天只有四班客運從旗山通行；然而山區多雨，一旦下雨淹水，巴士就必須停駛，以免水高淹壞了車子底盤。

2

舊六龜教會——小鎮的聚會中心

顛簸地進入六龜市區，楊煦先來到小鎮街上的六龜教會，這一棟兩層樓高、加上小閣樓的混凝土建築，對面就是警察局。它在日治時期是作為平地與原住民的物資交易中心使用，後來成為六龜浸信會後，小小的塔樓就使之成為六龜鎮上最高的房子；這樣的特性也讓這棟教會建築成了鎮上重要的聚會與資訊流通中心。

現在進了六龜市區，就在老街區的轉角，還看得見這座騎樓有著古典圓柱的教會建物。教會本身在二〇一六年的美濃大地震後有部分損壞，唯恐成危樓，目前是暫停使用狀態；然而小小的塔樓頂端裝設的喇叭仍清晰可見，讓人能想像當鎮上有要事宣布時，這些架裝在樓頂的喇叭高聲傳遍整條街的景象。

1

民國四十幾年，六龜鎮上說國語的人還不多，使用的多是閩南話與客家話，帶著濃濃山東腔的楊煦與當地人不大能溝通，幸而師母能夠說一點日語，加上以前出身的村落鄰近客家庄，也能說上一些客語。

儘管溝通不易，楊煦牧師親切與熱忱的性格還是很快地融入了六龜當地。特別也因為當時美援物資經常透過教會發送，每到有物資的日子，原住民們也會特地下山到教會領取。

1. 民國 51 年拍攝之六龜浸信會舊教會建築外觀。2. 民國 47 年 2 月 21 日六龜浸信會兒童夏令營大合照。

2

楊子江回憶：「當時原住民們常常在發放前幾天就下山來，因為住不起旅館，也往往就地睡在教會外長廊屋簷下，左右整排把教會擠得滿滿的。為公平起見，我們事先就忙著幫忙打包物資、編上號碼，用抽籤方式發放，到了物資發放的日子，教會裡總是排滿一包包的物品。很多人都是從山上走了六、七天才能走到山下教會來領東西。」

隔年，六龜成立了中學，鎮上的孩子們終於可以不用每天遠赴美濃念書。楊煦因為有在臺中師範教書的經驗，也被延攬進入新學校教書，開始教育與宣教工作兩忙的日子。

有困難的時候，「去教會找楊牧師」

當了老師後的楊煦，與在地居民也更加熟稔起來，來教會的人益發增加了。若有什麼疑難雜症發生，大家第一個想到的都是「去教會找楊煦牧師」。特別是遇到急難病痛、緊急生產的情況，楊煦還能向警察局分局長借車、找司機送病人到屏東基督教醫院就醫。

創辦屏東基督教醫院的畢嘉士大夫與育幼院的關係亦很深遠。研究痲瘋病與小兒麻痺的畢大夫在民國五十幾年開始來到六龜教會義診，後來也持續到育幼院為孩子固定義診，長年與育幼院保有良好關係。現任育幼院師母朱世珍也聊起，「過去畢大夫來義診時，常要我婆婆擔任助手幫忙配藥，我婆婆不懂，畢大夫就把藥編上簡單的英文字母、教她認，開藥單的時候就請她對著字母配，就這樣，寫什麼編號就配什麼藥。」

1

因為這樣的淵源，後來畢大夫在屏東創辦了屏東基督教醫院後，楊煦若遇到需要急診的病人，也往往直接送過去。

「一次我父親吃飯出去散步，剛走到六龜吊橋橋頭，在一座矮屋簷下看到兩個各不出七、八歲的小孩子躺在那兒鋪上白布，一位老婦在旁哭泣。一問是腦膜炎的孩子，因為家裡窮沒有錢能送醫，已經奄奄一息。我父親立即安慰老婦，馬上找

1. 民國 100 年，畢嘉士大夫探望楊煦夫婦。2. 民國 64 年，畢嘉士大夫探訪育幼院之情景，右為楊子江院長。

了分局長借車，很快將孩子送到屏東基督教醫院，結果慢慢治好了。醫藥費很昂貴，我父親在教會募了款，自己也貼了些，這樣勉強湊足醫藥費。當時雖然有學校跟教會兩份薪水，但經常這樣子一下就沒了。」

2

因為這樣，若有流離失所的孩子也就送到教會來。楊煦一剛開始會協助把孩子轉介到其他育幼院，但當時的育幼院也常常滿床一席難求，後來再收留的孩子們，就慢慢開始以自己的教會宿舍作為空間，與師母兩人一起養育。當時有一位麵粉廠老闆因為感佩楊煦對孩子的照護，還免費提供了一間空屋讓他們與收容的孩子們居住。

民國五十三年，收容的孩子增加到二十四人，楊煦開始尋找更適合養育孩子的空間。

山中的荒地，最初的家

當時收養的全是原住民的孩子，考慮到他們在山林裡自由自在的天性，楊煦想找一個寬廣、讓孩子們能不受拘束地活動、生活的地方。他從六龜小鎮跨過荖濃溪上第一座橋樑——六龜吊橋後，繼續往北又過了河，來到這塊被稱為「大苦苓」、當時仍是荒草蔓蕪的土地。

1

2

3

這片地面寬約十六甲，原來隸屬臺灣糖業公司。從地圖上看，跟六龜市區有一小段距離，當時附近只有寥寥幾戶人家；因為面著荖濃溪的方向沒有橋，渡河十分不便，加上地質惡劣多石而不易開墾，臺糖公司正準備釋出標售。但對楊煦來說，沒有比這樣一塊傍山依水、什麼都沒有的寬敞荒地更理想的了。這塊荒郊的空地於他就像是一方尚未開發、與世無爭的世外桃源，正恰恰是能提供孩子們自由奔跑的所在。他於是想辦法湊足了錢，買下這塊十六甲的荒地，作為六龜山地育幼院的基地。

1. 民國 65 年遠眺荖濃溪及育幼院。 2、3. 民國 57 年，院童於育幼院所在之山坡地整地。 4. 民國 53 年仍需搭坐流籠渡荖濃溪。 5. 民國 80 年拍攝之磚造老棚屋建築。 6. 老棚屋最早樣貌。

育幼院草創時期
——學習與自然共生的能力

當時河上沒有橋樑，因此要過河得搭竹筏；然而荖濃溪在夏天十分湍急，竹筏渡河往往危險。民國五十五年架設了流籠，像纜車一樣的籠箱一次可搭坐兩人，以人力互助的方式拉來拉往、也可以站在籠中自行拉索到對岸。

這樣交通封閉的處境，讓育幼院在開墾初期，只能先在這塊貧瘠的土地上闢地拉帳篷居住，克難地展開育幼院的山居生活。先利用周邊的竹子搭成最早的老棚屋，屋頂是用茅草遮覆、後來加上木薄片與黑色油毛氈釘住，颳北風下雨時就把床移到南邊躲雨。不過這樣的屋頂很快就朽壞，因此再加上廢鐵皮在屋頂，過了這樣兩年隨遇而安的日子。而物資運送、進出時，就使用流籠作為交通工具。

剛搬來時，楊煦必須到三個地區佈道，加上學校的工作，經常在外奔忙。於是開墾的工作多半是由林鳳英師母帶著孩子們一起

4

5

6

做。這塊地石頭多，常常整片地都是岩石剝落的碎片；周日學校不上課，師母就帶著孩子整地、搬石頭，種菜種地瓜。小時候也在育幼院生活、後來回院工作的老師林秀真分享記憶中的林鳳英，「奶奶每天眼睛一睜開，就開始做事，非常勤快。她不是在縫衣服，就是在做飯、拔草。」

或許因為這樣鄰近自然的環境，又或許是原住民血統天生對自然敏銳的DNA，在山地育幼院的孩子們很快就學會與自然共同生活的能力；不管是墾殖荒地、在充滿小石的路上奔馳，都是家常便飯。山裡蛇多蟲多，孩子們也不太怕。而育幼院門前湍急的荖濃溪，更成為孩子們夏天時必去的地方。

「荖濃溪平時就有些小小的漩渦，以前放假的時候我們常冒險進入漩渦，在水裡整個人順勢滑轉，等著離心力把自己推轉出去。」楊子江回憶笑說，「這種玩法當然很危險，要有竅門，順著大自然的扭力，旋轉時能感覺到自己跟大自然力量的一種平衡。」不過他也提醒，一旦下雨，荖濃溪的急水混著上游泥沙，就是嬉玩不得的危險黑水了。

橋接聯外——成功吊橋與東溪大橋

直到民國五十七年，因萬達颱風被沖刷掉的六龜大橋重建成水泥橋，舊有的六龜吊橋鐵索與剩餘的建築材料，拿來另造了育幼院前的成功吊橋。有了吊橋，孩子們也有得玩。楊子江說，以前育幼院孩子們編隊，晚上就輪值守夜；而負責守吊橋的他，夏夜裡因為熱，常常抱著軍毯在吊橋上睡覺。「夜裡風一吹，吊橋就像搖籃一樣，是全世界最大的搖籃床。天氣熱的時候我就貼在旁邊圍欄的鐵板上，就像板鴨一樣，還可以降溫。」

1. 民國 62 年，院童們走路上學的景象。**2.** 院童們行經成功吊橋。**3.** 民國 57 年，院童們於河底洗滌衣物的景象。
4. 民國 53 年拍攝於老棚屋前。左一為幼年時的楊子江院長，左二為楊煦牧師。

直到東溪水泥大橋完工前，這座成功吊橋是早期育幼院唯一的聯外通道，而且由於一次只能讓十人左右通行，孩子們上學過吊橋往往得排隊。目前儘管都以東溪大橋作為人車通行的主要幹道，但成功吊橋直到幾年前仍能通行；後來同樣在美濃大地震中略受損害，避免危險，目前是封閉不准通行的狀態。

不過對草創時期的育幼院來說，成功吊橋建成，才讓孩子與教會的弟兄們能以人力扛送，運入一些水泥建材，開始蓋起最初的磚造水泥房子。

住在這裡的院童除了流離失所的孩子，也不乏有來自單親家庭、或父母親因重症無能力、或無資源照顧的孩子，以原住民為多。他們與楊煦夫婦在這裡過著半自給自足的生活——平日上課，到了周末上完半天課後，就幫忙拾撿煮飯燒水用的柴火、拔草，挖地瓜樹薯，幫忙家務。

1

2

3

4

在麵粉依靠美援、供應有限的年代，六龜的山坡地幾乎種滿了樹薯，既可食用、又可作為飼料，在糧食短缺的光復初期，不僅是重要的糧食作物，也是作為經濟植物大量種植。又因為院區腹地廣大，育幼院內長期養殖牲口，極盛時期院內豬舍有數百豬隻。現在作為烹飪、電腦教室使用的「應許樓」，就是過去豬舍改建而來。

1

2

臺灣曾經一段時期盛行養鹿、販售鹿茸，六龜本身就有大型的養殖場。只吃鹿草的鹿成本低廉、經濟產值高，因此育幼院也試著買來鹿，自行養殖、割鹿茸販售。後來慢慢地，鹿茸需求不再那麼多，當時養殖鹿的空地也改建成後來的風雨球場。

在荒地的家——學會分享與愛

自給自足的能力，對六龜山地育幼院來說是一種生活原則。自克難的草創初期開始，儘管收容眾多孩子、鎮裡的人有任何疑難雜症都不吝出手幫忙，但是楊煦夫婦自己卻從不伸手向人索討協助，育幼院也從不曾自行對外募款。因此早期育幼院經常利用空地種植地瓜葉、養牲畜，帶著院童們過著宛如農莊一般的生活。林秀真便回憶，國中時晚上睡前的例

1. 民國 92 年，東溪大橋水泥橋景象，後於民國 93 年敏督利颱風而沖毀。2. 民國 94 年新建成的東溪大橋鐵橋。3. 民國 55 年，林鳳英為院童們們說故事的景象。4. 民國 59 年院童們在簡易球場上打球。5. 民國 64 年使用交通運貨車景象。

3

行工作是揉饅頭，揉了以後讓酵母發酵一晚，院童們隔天早上三點半或四點就起床輪流做出給大家吃的饅頭。

4

比起請求別人的幫助，對楊煦而言，他希望在自給自足之餘，把所擁有的分享給其他人。院裡種植的蔬菜、養殖的豬或雞，往往也成為楊煦帶著探望朋友的伴手禮。沒有牲口的時候，甚至就裝

5

上山裡純淨的水，一桶一桶地帶到外地送給朋友。

讓林秀真印象深刻的童年記憶也是跟著楊煦出門拜訪友人的時光。「從前出門搭高雄客運，出發的時候頭髮是乾乾淨淨、很柔軟的，但到達高雄的時候，頭髮往往變得很僵硬。因為客運走的路都是石頭和泥土路，灰塵都沾在頭髮上了。」林秀真笑說，當時跟著楊爺爺出門探望某個朋友，手裡幫忙拎著院裡養的兩隻雞。「對方高興地說，能加菜了！歡喜地留我們下來喝茶吃飯。但爺爺一直說不用了，我們走啦。就這樣回家。」楊煦這樣一種專程送家裡自己的東西給朋友，但絕不麻煩別人的作為，不僅深深地留在林秀真心裡，也成為育幼院的精神。

早期因為物資相對匱缺，育幼院一有人捐贈食物，院童們的午餐便當就

1

1. 林鳳英帶著孩子們一起在育幼院裡遊戲。2. 民國 59 年院童們在老棚屋外用餐。

能加菜。就算收到只是一小包花生，楊師母一定給孩子門的中午便當盒裡各分上幾粒花生米；收到又圓又大的蘋果，則一定拿進廚房裡切得小小塊的、每個人都有份。如果有人捐贈糖果，則由比較大的孩子咬破、分享給比較小的孩子。「小時後看哥哥姐姐這樣對我們，我們很習慣這樣的分享，哪怕每個人分到只有一點點。」

2

因為早期開墾、育養孩子們十分忙碌，楊煦夫婦養成了相當特殊的習慣。林秀真回想，「一般我們睡覺的時候都是整個人睡在床上，奶奶是腳懸在外頭，只有一半身體在床上。以前我問奶奶為什麼不好好躺著睡，她說這樣有事情的時候就可以很快下床。」無獨有偶，楊子江也這樣形容楊老牧師：「他終年穿西裝，連睡覺時也穿。我問他睡覺時紮著領帶不是很難受嗎？他說這樣就能隨時隨地準備好。有誰來了，只要整一下裝、腳一套上鞋子，馬上就可以接待。」

就這樣，楊煦夫婦在與院童的生活中，立下樸質生活中充滿分享精神與真誠待人的美好典範。

民國56年揭陶夫婦與院童們合照於[illegible]前。（[illegible]）[illegible]前為師母林[illegible]英，師母左方第二位為[illegible]

兒童

聚落的花園裡——交朋友、養小孩、傳福音

楊煦老牧師的人生哲學「交朋友、養小孩、傳福音」，是談到他的人都能琅琅上口的一句話。這樣的精神，也透過楊老牧師的工作以及與院童們的生活傳遞、感染出來。這句話或許可以這樣解釋：以真誠的心待人接物，並以這樣的態度養育來到育幼院的孩子，等孩子們長大離院了，各自帶著這樣真誠處世的態度進入社會，也像是一個個帶著福音傳遞的種子。

也因為楊煦夫婦這樣的生活原則與哲學，讓不少人感動而傾囊相助、捐造建築物給育幼院，因此在老棚屋之後，院區漸漸地增加建築物。由於育幼院所在的基地依著山坡，地面不平整，楊子江回想，大家經常是一邊清石頭、整地，獲得資助後就找平坦些的基地，循著院童人數與生活機能需求增加而逐一點滴加蓋。六十年來，就這樣慢慢有機地長成了現在看見的「聚落式」樣貌。

而走在舊院區中，零落分布的院區建築之間彼此以花圃相接，曲折小徑充滿昂然生機；臨近秋冬時，可以看到六龜山區特有的紫斑蝶成群飛舞。從大門口開始，園區裡活潑的原住民圖騰吸引著來訪客人的目光，這個充滿生命力的聚落式大花園，就是孩子們生活、成長的家園。

2018 年 7 月所拍攝之六龜山地育幼院整體院區俯瞰景，中間上方建築即為建築中的新院舍。

1

2

1. 因老棚屋空間不足而借住之房舍。2. 民國 59 年所拍攝的老棚屋。
3. 育幼院第一棟水泥主要建築，現在作為行政樓使用。

親手搭造的棚屋，以及第一棟鋼筋水泥建築

民國五十三年來到大苦苓，楊煦夫婦帶著教會的弟兄姊妹就地取材，以茅草、竹子親手建造克難老棚屋；長型的屋舍裡頭男女分住兩側，牧師與師母就睡在中間。因為材料朽壞快速，後來雖然幾經修建成鐵皮屋頂、水泥糊牆，但在五十九年仍然壞損不堪使用，後來原地改造成的簡樸磚造棚屋，直到民國七十幾年仍在使用。

而另一棟育幼院的主要建築，則是如今作為行政樓使用、最早的鋼筋水泥兩層建築。這棟建築是由美南浸信會宣教士陸愛蓮所捐贈。當時她受一位重症教會姐妹所託，希望將捐款使用在臺灣山地的福音工作上，五

3

十七年返臺後打聽到六龜山區楊老牧師夫婦與育幼院的事情，便捐贈專款，蓋了兩層樓的宿舍與行政樓，成為育幼院至今最主要的辦公空間。當時因為有育幼院門口的成功吊橋，所有的興建材料亦是由人工挑擔、將一磚一瓦與水泥砂石從河對岸挑運過來。早期的建築照片中，還能看到興築用的水泥整齊擺列在門邊。

這棟建築也是目前進入育幼院後能夠最先看見的建築之一；後來漆成的上白下藍的立面塗裝，不僅讓人聯想到藍天白雲的自由感，搭配前頭的小花圃，也自有一股山中的幽靜。原來塗寫在牆上的「山地孤兒大樓」，現在已換成後來的正式名稱「山地育幼院」，仍是手工塗寫上的字樣。在育幼收容人數最多的時期，此處走廊也曾搭上夾板隔間，權充宿舍使用。

三民廳・雅玲廳：
讓孩子們好好吃一頓飯的空間

行政樓與初期宿舍區興建完成後，孩子們從早期的克難棚屋搬進宿舍裡，已經舒適許多。民國六十一年初，高雄市三民國中的校長聽聞育幼院有了宿舍、卻沒有餐廳，孩子們都在辦公室走廊上吃飯，因此在學校裡發動捐款；由於募得的款項僅能支付材料費用，於是再號召畢業生校友們一起參與動手興建。在寒冬的一、二月，這些學生就像是進行童子軍訓練似地，在育幼院旁自行搭起帳篷，不到一個月便完成興建，育幼院將之命名為三民廳。

雅玲廳是在民國六十二年，由高雄拆船大王王玆華的夫人張雅玲所捐贈。當時院童人數已經增加到破百人，臨著行政樓的三民廳作為餐廳

雅玲廳現況，左側為廚房區。

空間已經不敷使用。來育幼院參觀、平時即熱心公益的張雅玲於是主動捐助興建餐廳，並採購所有廚具與桌椅設備，成為育幼院使用至今的餐廳。當時興建好的雅玲廳就位在現在的女生宿舍旁，後來再幾經修築，於民國七十三年增加了廚房煮食的空間。雅玲廳的對面，就是原地重建的克難老棚屋；而後來不再作餐廳使用的三民廳，因為就位在院區最前頭的位置，因其地利之便，現在使用作為平日招待貴賓及參訪團體的招待中心。

平日，院童們就在雅玲廳吃飯，飯前會由牧師帶禱、偶爾也會由孩子們輪流帶禱；不上學的假日，則會到招待中心來招呼參訪的人們。如果到院區來逛一圈，會發現不管走在哪個角落，只要遇到了孩子們，儘管面生不識，他們也都會一一禮貌問好。

1

2

1、2. 初期主恩堂外觀。 3. 重建後的主恩堂正立面。

安定內心的精神信仰所在：主恩堂

育幼院的精神中心，就是院區裡的小教堂「主恩堂」。這個下方磚砌、上方木造，拱狀的窗上貼著彩繪玻璃；周側花木扶疏，被蓊鬱植物群環包的小巧教堂，不只是平常作禮拜、合唱詩班練唱時的空間，也是育幼院原有院區內最大的室內空間。後來六龜街上的舊教會因美濃大地震成危樓之後，主恩堂也成為六龜區域教徒們作禮拜的公共空間。

還沒有主恩堂前，牧師與孩子們作禮拜得到六龜街上的教會；還沒有成功吊橋的時期，往往需要繞行後山步行三小時才能到達市區，因此楊煦牧師一直希望在院區裡就能有個小教堂。某日，一位與楊煦素不相識的先生騎車來到院區，希望能自願捐助並幫忙蓋教堂。他是工程師吳茲庚，同樣身為教督徒的他曾經夢見一個無名聲音要他為山裡的育幼院蓋教堂，因而跑遍整個中南部山區。偶然經過成功吊橋時，看見傍著中央山脈的六龜山地育幼院，與夢裡所見極為相似，便立即入內探尋。

3

導覽院區的劉行健組長告訴我們，吳茲庚初到育幼院的當天，就主動要求進行破土儀式，並託楊煦牧師第二天找來工人。儘管高雄市區距離六龜有八十公里路程，吳茲庚還是從高雄市區運來材料，第三天即開始動工，並且每周末都騎著摩托車到育幼院來監工。而聽了吳茲庚分享的工地領班因為十分感動，亦自願捐建了教堂前的涼亭與石桌、石椅。

然而民國七十四年，主恩堂因為因電線老舊走火而燒燬。當時駐紮在旗山的陸戰隊八軍團恰好行軍經過、暫借育幼院空間休息，得知主恩堂燒毀後，便主動派遣工兵進駐、協助重建，之後也陸續協助房舍改建、裝設大水塔與現代化廁所、園區整理消毒割草等志工協助外，也提供長期的義診醫療服務與民生物資；特別在風災時，也讓育幼院儘管在遠山偏鄉，仍能有即時協助。與育幼院保持密切互動與友好關係，也成了八軍團官兵的傳統。

在山間傳承的志工精神

從草創時期，楊老牧師為了孩子們親手搭建的克難老棚屋後，由三民國中的師生與校友發起、動手興建的三民廳，到吳茲庚奉獻、親自監工的主恩堂，在育幼院的興築過程中，充滿了真誠奉獻的心意與精神。這些對育幼院伸出的援手，一方面是來自對楊煦戮力要給孩子們安定家園的感召，但另一方面，對楊煦與育幼院來說，這些助力也成為支援這個家園的重要能量。

這樣的精神傳承，還可以繼續透過幾個育幼院的故事來述說。首先不能不談的，就是由美軍特種部隊「綠扁帽」協建的小屋，以及蔣經國六次拜訪育幼院過程中，為孩子們興建的鵬程萬里樓。

1. 民國 74 年美軍協建小屋的原樣貌。 2、3. 與美軍舉行聯合文山演習時的情景。

1

2

3

受老牧師感動的「綠扁帽」部隊

民國六十一年臺美共同舉辦文山聯合演習，美軍特種部隊綠扁帽小隊也搭乘運輸機來臺。六龜因山區地形崎嶇，當時被選作為演習中跳傘任務的地點。部隊的演習任務是：在六龜紅水坑一帶跳傘後，到鄰近六龜山地育幼院集合，並在育幼院搭蓋指揮所。

1

2

演習前與育幼院商榷細節時，因得知當時育幼院初建不久，各方面條件都十分匱乏，特別欠缺儲藏空間，於是綠扁帽部隊就將任務中必須搭蓋的演習小屋搭蓋在剛建成的三民廳後方，以鋼筋水泥建造了一個儲藏空間，演習結束後也留贈給育幼院繼續使用。

這棟小屋後來隨著木造文物館增建之際，以木構強化了與三民廳之間聯結的屋頂，形成十分獨特的鋼筋水泥加木構造的型態。而當年的綠扁帽部隊少校，也曾在二〇一六年一度來臺之際再訪六龜，一方面尋找當年跳傘後卡在樹上、路過解救他的國中生們，另一方面亦來探望育幼院。儘管楊煦老牧師已經不在，但當年餽贈的倉庫小屋至今屋況仍然完好，依然作為倉儲使用。

見山中有國旗飄揚，經國先生下車了

蔣經國初訪六龜山地育幼院的傳奇經過，也是育幼院歷史中經常讓人津津樂道的一段。

民國六十二年，當時擔任行政院長的蔣經國到中南部山區視察藤枝地區林務工作。偶然從山頭上往下看時，見到叢綠的山間裡一面國旗飄

1. 美軍協建小屋現況。 2. 美軍協建小屋與三民廳間的木構屋頂。 3. 民國 62 年蔣經國（當時任行政院長）初次來訪育幼院。

揚，便問同行的省主席謝東閔：「那是什麼地方？」當時同行的高雄縣長林淵源與楊煦牧師是舊識，而楊牧師還沒來到臺灣前，在四川就與謝東閔見過面，因此兩人對於育幼院的情況都略知一二。林淵源向蔣經國報告，那是一個小小的育幼院。有一位教會的牧師、同時也是學校的老師，收養了一百多個原住民的小孩，在那邊生活。

蔣經國示意要繞過來育幼院拜訪，謝東閔為難地說，育幼院在河的另一岸，車隊的路線不會經過；再者，進出育幼院也只一條細細的吊橋，車子無法通行。蔣經國聽了，便指示一行人下車步行、走過吊橋，來到育幼院。楊子江回憶，當時見到蔣經國從吊橋走過來，大家拍手歡迎，而蔣經國見到孩子們在打排球，也親切地一起加入。

初訪育幼院、與楊煦聊談後，瞭解育幼院情況的蔣經國，後來之後亦曾數度參觀，陸續地指示、協助不少育幼院的基礎建設與物資。如第二

3

次來訪時，發現籃球場塵土飛揚，於是指示為球場鋪設水泥地；而過去育幼院因為位在偏鄉山區、電壓不足，後來也透過省主席謝東閔指示補助，完成了電力建設。冬日山區凍冷時，育幼院也收到蔣經國指示捐來的一百多套毛呢外套，後來楊煦牧師也是蔣經國十一位民間友人之一。

民國六十年代末，臺灣經濟起飛、社會富裕起來，對社福機構的資助也開始較為穩定；加上蔣經國數度造訪，也讓大家開始關注到六龜山區裡這個小小的育幼院。

六十九年底，育幼院院童人數到達頂峰，最早期建設完成、位於行政樓下方的宿舍空間早已不敷使用，以辦公室外的走廊作為宿舍。蔣經國第五度來訪時得知此況，特別要求當時高雄縣政府協助建設兩層樓高的男生宿舍，並為之命名為「鵬程萬里樓」，傳達了祝福孩子們鵬程萬里的心意。

鵬程萬里樓外觀。

口足畫家楊恩典與文物館

民國六十年代，育幼院的基礎建設大致完成，也為育幼院帶來穩定的生活。楊煦老牧師口中始終心心念念的「一個永遠能讓孩子們安心成長的安定家園」之願，也就這樣在各方捐助援建下完成，告一段落。後期較為重要的新建房舍，大概屬民國八十年代由楊恩典與林鳳英師母畫作售得為經費建起的文物館。

蔣經國第三次造訪育幼院時，第一次見到了天生沒有雙手的楊恩典。他抱起楊恩典的那一幕，深深地烙印在那一代人們的腦海中。

1

楊恩典初到育幼院時，長相清秀、哭聲宏亮。楊子江笑著回憶，「她一哭，整個山頭都聽得到。」

民國六十三年六龜的巡警來找楊煦夫婦，說在菜市場的攤子上撿到一個女嬰。楊師母聽了，馬上就放下手邊的事情，跟著警察去，帶回了當時這個在襁褓中的小女嬰。楊牧師見到恩典沒有手，說「這是上帝免除了她的勞役」因此為她取名恩典。

1. 國 65 年蔣經國第三度來訪育幼院時，初次見到楊恩典。 2. 文物館外觀。

恩典小時候因為育幼院裡有位喜歡畫畫的謝老師，常帶著恩典到院前的吊橋寫生、畫素描，耳濡目染下，恩典也開始對繪畫產生濃厚興趣，並展現出天賦；後來受學於當時國立藝專的繪畫老師楊鄂西，學校一放假就到畫室去報到。

導覽的劉行健組長說，其實出身泰雅族的林鳳英師母手非常靈巧、很喜歡編織，以前也常常揹著恩典做編織。後來為了促進恩典練習畫畫的意願，師母常也陪著一起畫，慢慢地畫出興趣來。民國八十三年，楊鄂西在臺北辦師生聯展時，除了楊恩典的畫作外、展出作品也有出自楊師母之手的畫。兩人的作品都賣掉不少，楊師母的更是全數售出。回到育幼院後，就用這筆錢就在過去山地屋的舊址蓋了新的木屋，作為育幼院的文物館。

2

風災之後，我們需要一個安定的窩

民國八十四年後，六龜山地育幼院零星的擴建、增建也開始慢慢減少。不過建築物經年使用，漸漸老舊損壞，後來的八八風災意外成了育幼院空間轉化的一個契機。

民國八十九年莫拉克颱風帶來的八八風災，以三天近三千毫米的豪大雨量，在高雄山區蝕出了巨大的傷口。土石流吞噬了整個小林村，也肆虐六龜、寶來等地，沖毀許多橋梁，橫貫中央山脈的南橫公路也因山崩而受阻斷。

劉行健回憶，當年驟下的雨聲讓人連彼此面對面說話都聽不見，整整

八八風災景象，滂沱大雨在六龜造成溪水暴漲、山坡滑走的險況。

下了三天三夜。「到第四天，雨稍微停歇後，我們出來看見對面山頂滑坡，走山了。」而荖濃溪的水湍，只要一遇風災，暴漲的溪水往往就把橋沖毀。而這次莫拉克颱風，也把連結荖濃溪東西岸最主要的六龜大橋沖斷了。

「當時有人叫我們疏散，說山洪暴發，又說寶來都被淹了。那時我很緊張，因為寶來一號橋、二號橋高度很高的，如果那邊淹水的話，恐怕育幼院也難逃劫運，整個六龜會變成像海一樣。」楊子江回想，「當時聽到好像幾百架直升機同時起飛那種非常巨大的聲響，後來才知道那是山洪暴發的聲音。」

「那聲響，真叫做『萬馬奔騰』。」談起那場風災，劉行健仍有心有餘悸，「當時只有消防隊的無線電能通訊，他們緊急聯絡六龜這邊的消防隊，要我們趕快疏散。」

大水淹來，幸而育幼院的建築本體在風災中並沒有太大損害。劉行健說，育幼院底下有一塊大磐石作為地基，因此地勢較為高聳。若不是這塊磐石，在八八水災中可能就很難如此幸運。不過由於當時交通、訊息網絡全部中斷，外界一度誤以為育幼院受創嚴重。楊子江也回想，當時鄰近的新發村，同樣因為土石流衝擊，也殞逝了許多生命。幸運的是，存有一些備糧的育幼院在交通中斷的風災中基本上還算安穩，不過年邁的建築物也不免開始漏水，顯出年久失修的老態。

風災之後，關懷臺灣文教基金會*啟動八八水災基金募捐，希望趁著災後重建的時機，重新為六龜山地育幼院的孩子們打造一個新的家園。

*關懷臺灣文教基金會為原TVBS關懷臺灣文教基金會，自**2016**年起更名並獨立運作。

Chapter 2

牽起那雙看不見的手

風災後第二十天，僅管主要交通幹道仍然中斷，長期關心六龜山地育幼院的關懷臺灣文教基金會，就與建築師一行人走過臨時通行的便道，到育幼院探訪災後情況。僅管院內受災情況不嚴重，但自創院以來各階段興建的建物，在風雨侵襲後舊損的情況更為顯著。

基金會作為橋梁，串起了各界的善款與專業團隊，開啟為育幼院造一個新家的契機。

八八風災後，高雄荖濃溪畔的六龜山地育幼院傳出災情，當時對外交通中斷，所幸當時院內八十四名院童與師長們都平安無事。然而，院區內從創院開始，各階段興建的建物卻多半因為早期缺乏專業營建規劃，加上已年久失修，總在風雨侵襲後發生漏水需要修補的情況，每逢大雷雨襲來，更讓全體師生坐立難安。

串連一群有使命感的緣分

關懷臺灣文教基金會的善款挹注，六龜山地育幼院有了蓋新院舍的機會

1

2

支持無私奉獻的崇高精神

在八八風災過後，關懷臺灣文教基金會收到來自各界的捐款，在善款的使用時格外慎重，向來側重偏鄉教育的李濤在評估後，除了認養三所急需重建的偏鄉學校外，也留意到六龜山地育幼院必須興建新院舍，當時基金會的孫大偉與李濤等董事會成員，認為對臺灣人來說，六龜山地育幼院幾十年來，在偏鄉撫養需要照顧的孩子長大成人，如此無私奉獻的崇高精神，對臺灣這片土地來說，具有無可取代的指標意義，這筆善款的運用更應該支持如此精神，使其更加發揚光大。

風災後，六龜的聯外交通僅剩日治時代所開闢的便道得以通行，關懷臺灣文教基金會的劉美林與邱文傑建築師事務所何保忠等人就南下到育幼院探訪，「當時山區的狀況還十分不穩定，育幼院的楊牧師開著車，帶我們到對山的制高點了解災情，他一邊描述風災發生的經過，湍急的溪水衝流下來，上游的堰塞湖隨時有潰堤的危險，山裡還不斷傳來巨響⋯⋯。」美林回想起來，育幼院院長楊子江牧師的語氣裡餘悸猶存，回到基金會後與主管們緊急開會，決議資助育幼院興建新院舍。

1、2. 2009 年 8 月，基金會與建築事務所災後探訪六龜山地育幼院所拍攝景象。

1

2

執行中扮演陪伴者的角色

基金會先找來曾在九二一地震教育園區合作過的邱文傑建築師，他一口允諾接下六龜山地育幼院新院舍的建築規劃設計任務。劉美林接著說明，在設計專案正式展開後，尊重專業者的立場下，基金會扮演起「陪伴者」的角色，同時也擔任「橋樑」，一方面透過部分會議參與了解專案進行的情況，所有新院舍的需求皆由育幼院院方直接提出；而在專案對外的溝通上，若需要以基金會的身分代表說明，例如初期對應管轄單位的法規申請等場合，基金會就會陪同列席、協助溝通；而到專案中段開始，營建單位加入專案，基金會便完全授權給建築團隊執行。

劉美林也回想到在新院舍興建專案推動過程中，所謂的困難都是彼此熟悉的過程，她曾觀察到建築團隊與育幼院院方需求之間磨合的階段，「這些看似專案推動一路走來的難關，其實是彼此瞭解的過程，沒有大衝突，是一來一往的溝通。建築師每一次提案前總是充分準備，提出他認為最理想的方案，但在會議上得到院方的回饋意見後，又回頭去找出更理想的答案。」她舉例，邱文傑受過美式教育，以及從小與兄弟姊妹一起生活長大，有過全家睡大通鋪的經驗，因此提出讓院裡的男孩女孩自由進出各空間的想法，腦中的畫面是和樂融融大家庭的想像，但院方回饋必須考量實際管理層面等這類問題，才藉由動線規劃，界定出男生宿舍、女生宿舍以及教堂與行政區等生活範圍劃分的問題。

3

匯集有使命感的眾人

像這樣在理想與現實中拉扯的過程，在構築新院舍的十年間不斷發生，建築團隊始終沒有放棄，為求找出更理想的方案，甚至擴大專業諮詢的範圍，廣納更多專業者的意見，劉美林從旁觀察到，這是一群有使命感的人的相聚，「像李濤先生與邱建築師，都是能量很強大的人，我看到大家不是把育幼院的新院舍當作一個普通的建築案子在執行，而是把使命感放進來。」她提到邱建築師在專案推動的初期，邀請社會學學者范雲加入設計討論，范雲教授為了瞭解育幼院生活的實際情況，還特地到六龜山地育幼院住了兩三天，近距離參與育幼院生活，才能更具體回饋建議。

建築規劃團隊在專案中，一方面側重院生的日常生活使用的需求外，也希望透過建築規劃，整合出能讓育幼院在未來自立維生的空間，並邁向自主經營與永續發展的可能。這是邱建築師在規劃設計時更深層的思維，因此除了建築設計外，也盡可能創造適合院生參與構築的機會，透過參與以及親手創造，讓院生獲得認識各種建築專業，同時也累積更開闊的視野，以對未來能有更多的想像。這部分與目前關懷臺灣文教基金會的經營方針很接近，劉美林這樣說，「在李濤先生的帶領下，我們十分重視偏鄉教育，認為偏鄉的孩子必須透過教育來翻轉命運。」近年，基金會更密集進出偏鄉，推動「機器人快樂學」、「魔法VR巴士」等計畫，以遊戲方式讓偏鄉的孩童，有機會學習科技運用。這幾年來，基金會率隊巡迴全臺超過三百所學校，有將近三萬個學童參與體驗，讓這些孩子從學校課堂上的框架中解放，考卷上的分數不是最重要的目標，而是讓孩子充分感受快樂學習的樂趣。從體驗過後的學童臉上展露出的笑臉，彼此興奮地交談討論，基金會認為，偏鄉的學童充滿潛力，更應該提供他們認識新事物，探索更廣大的世界，啟發對生命的熱情。

1、2. 設計團隊在六龜山地育幼院主恩堂進行設計提案。3. 發展中的設計方案。

Chapter 3

築一座林間的城堡

家的盒子作為「核」，是讓孩子們能夠靜謐思考、成長自我、萌出生命之芽的所在；環繞著家的迴廊充滿生活的痕跡與動態，是交誼的場所，也是人際關係形構的場域。以家的盒子與迴廊所環繞的核心，就是作為精神象徵的教堂。由建築師邱文傑所設計的新院舍，讓人感受到是從個人出發、在群山與荖濃溪之間，與自然、人間與土地對話的場所。

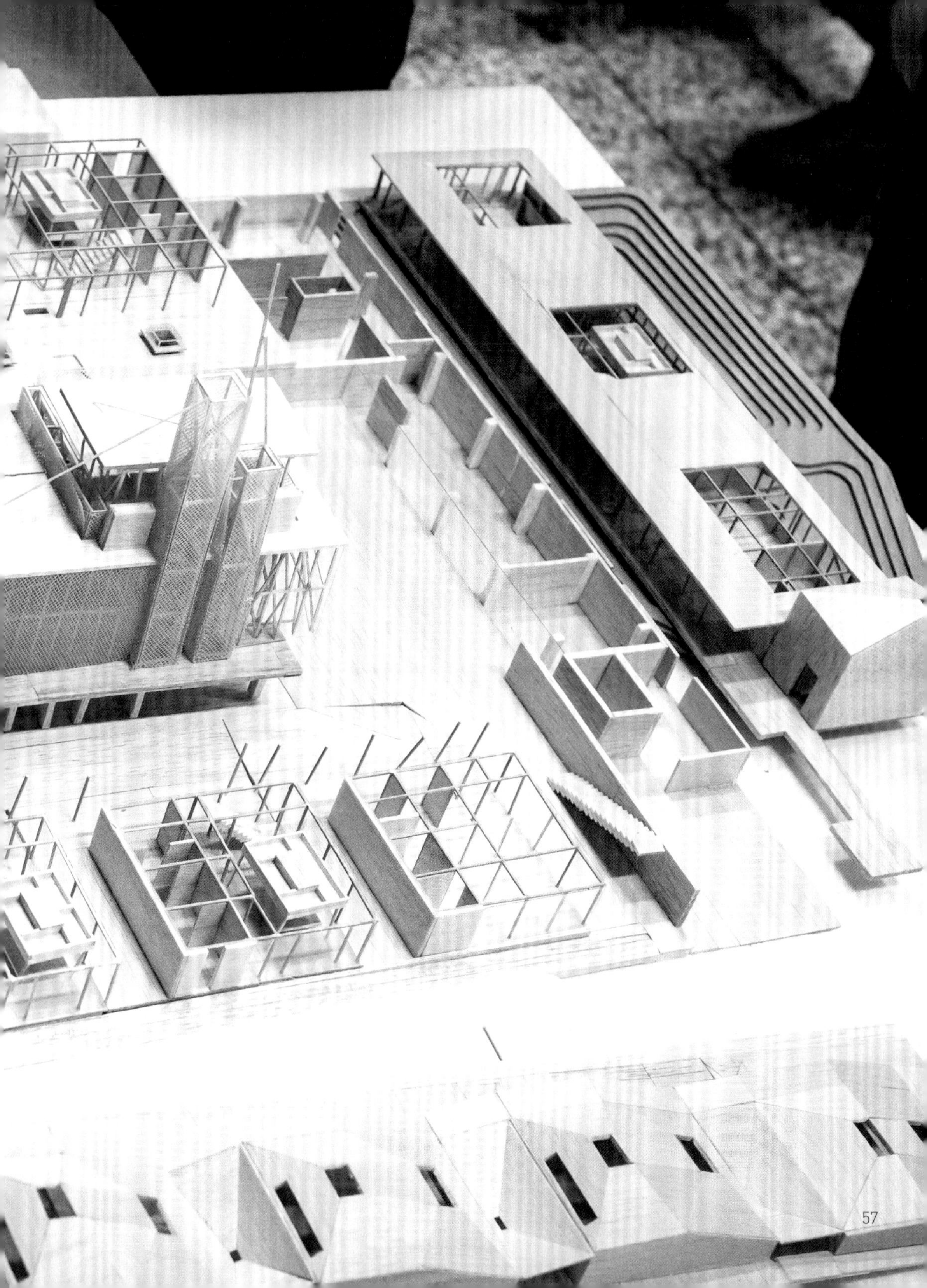

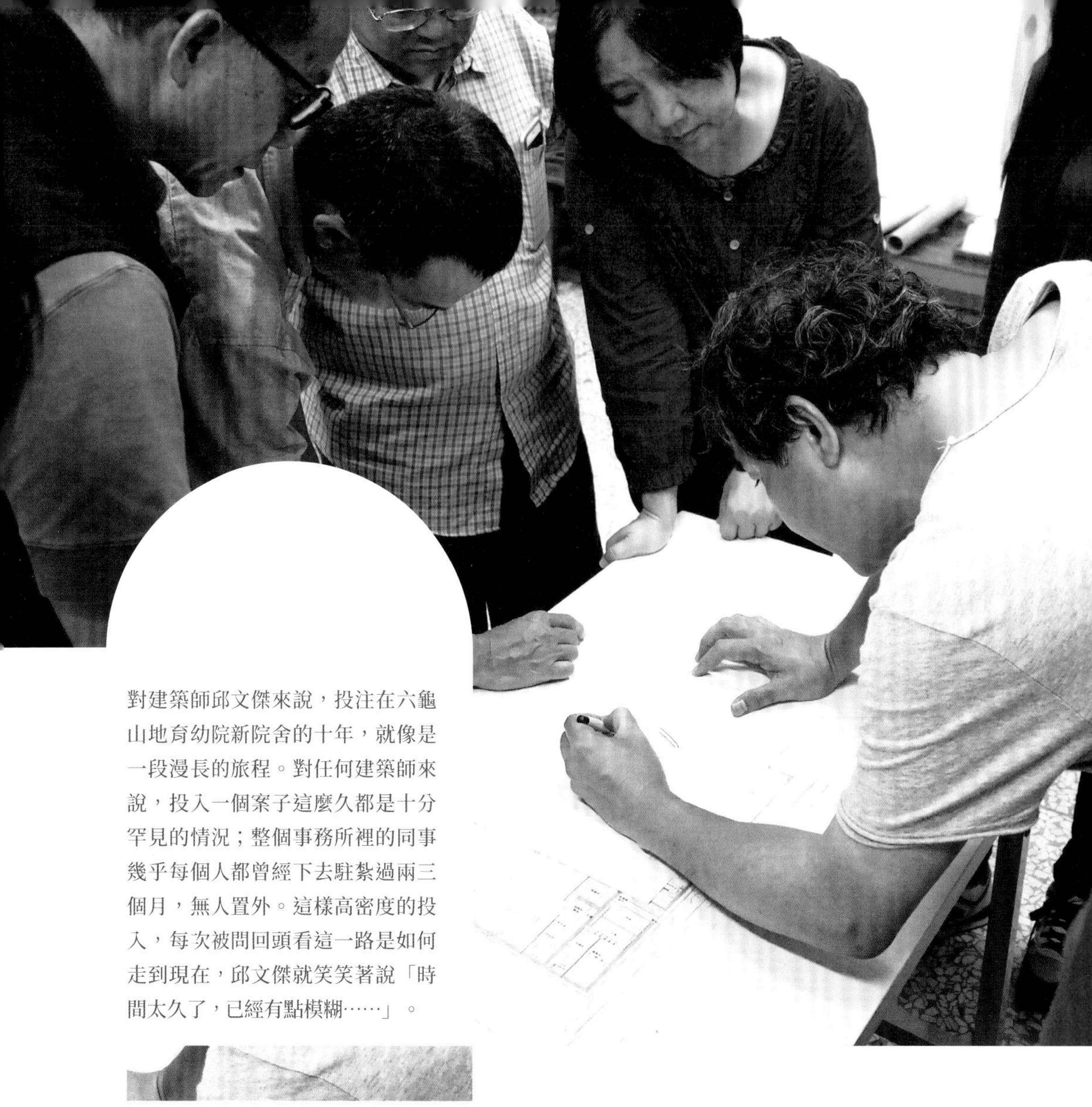

對建築師邱文傑來說，投注在六龜山地育幼院新院舍的十年，就像是一段漫長的旅程。對任何建築師來說，投入一個案子這麼久都是十分罕見的情況；整個事務所裡的同事幾乎每個人都曾經下去駐紮過兩三個月，無人置外。這樣高密度的投入，每次被問回頭看這一路是如何走到現在，邱文傑就笑笑著說「時間太久了，已經有點模糊……」。

建築師眼中的育幼院＝家＋教堂

1

「家＋教堂」，整合聚落感的生活

每每談起六龜山地育幼院新院舍，邱文傑就會坦白地說，育幼院這樣的空間並不好做。「因為這是一個集體的生活空間，要照顧到的機能非常多，機構的屬性上也有許多規範，而這邊又有他們自己很獨特的歷史。」

因為是作給孩子們的成長空間，回到初心，在為育幼院設計時思考的是什麼？

「我覺得整個核心思考是回到如何整合出小孩的interity，也就是作為人的整體性。對孩子來說，去磨練出一個從根本長出的良善硬核、一種作為人能夠安身立命的核心價值，是很重要的事情。只要有那個東西，在任何地方過怎樣的人生都無所謂。」邱文傑率真而感性地說，不管這些孩子們是因為什麼樣的原因而來到育幼院，他都希望他們能在這裡找到歸屬。

因此，以「家+教堂——居住空間加上精神信仰空間的組合」這個基礎概念，就成為這次新院舍設計上的基本命題，也是多次設計翻案過程中，始終沒有改變的基礎架構。

從原有院區的建築空間觀察院區孩子們的生活，首先零星散布在山間的聚落感，就是六龜山地育幼院在空間上最重要的特質。「我還蠻喜歡這件事情，只是太分散、沒有中心，有一些建築彼此已經遠到沒有自覺了。」然而這樣的空間卻也生出了極為自然的生活形態。原有

2

1. 設計發想的基本概念圖示：育幼院＝家＋教堂。 2. 設計定案模型

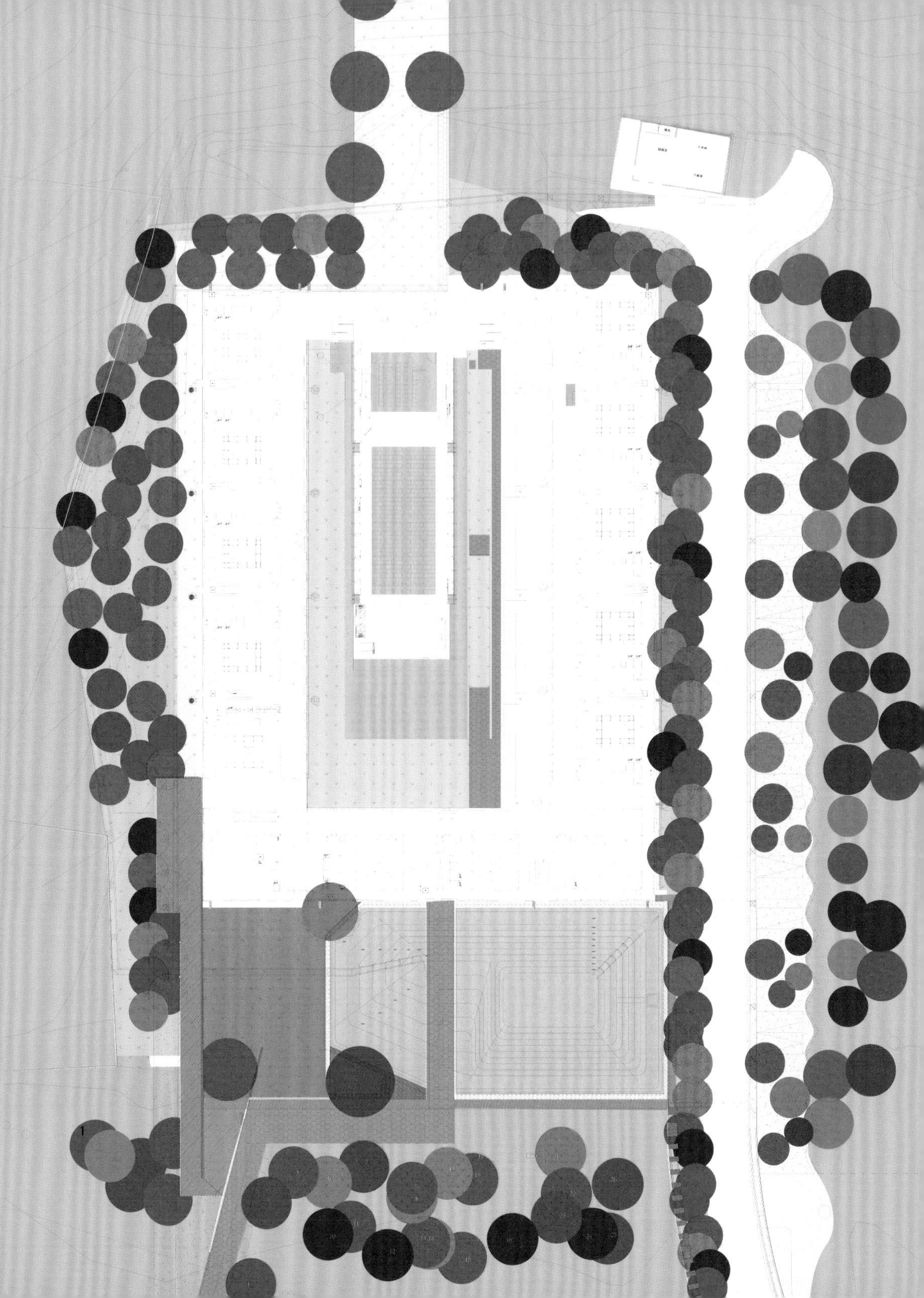

2

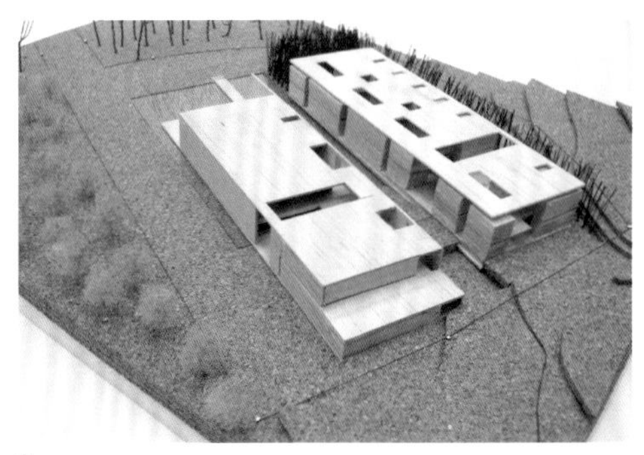
3

宿舍裡的樣貌是循著空間限制長出來的生活細節，綿密而鮮活。「那些宿舍是每個人生活的小單位，雖然不是很豪華，但都很有趣、很舒服。」邱文傑說，「那種讓我有鄉愁，充滿生活的記憶。」

這樣一種自行蔓長出來、充滿生命力的生活樣貌，某種意義上也成為邱文傑後來在結構新院舍空間設計時的重要參考意象。

回字配置，構築在山間的漂浮城堡

新院舍的基地落在整個原有院區的後方，鄰近風雨操場的一塊接近長方形、有著微微高低落差的淺淺坡地上。對應著有荖濃溪的六龜地區裡，「橋」是重要的空間意象，邱文傑先用一座在滯洪池上的橋串接起舊院區與新院舍。走過橋後的長方形基地上，以一個回字整合了住宿單元、課輔教室、餐廳以及行政機能空間；而在回字環包的中央就是新的教堂。

面對要將過去慢慢長出來的育幼院聚落收納入新院舍這個命題，邱文傑的設計不只是空間的歸納，也是機能的整理與整合。2010年的最初幾次發想，也曾經嘗試幾種不同的配置型態：像是將住宿單元集中、與長形的教堂比鄰，打造出兩個孿生一般的長方體；或者以住宿單元環包、而教堂與餐廳則分設兩棟落在回字中央等提案。不過，邱文傑說，當時在餐廳、住宿單元與教堂的配置上始終找不到好方式。

後來他試著把教堂擺到回字中間，將公共機能與行政機能整合在住宿單元下方，就解決了這個問題，也定下新院舍的基本空間配置。

邱文傑說，「我一直覺得教堂就是要被宿舍包起來，因為教堂不是教堂，而應該是一個大客廳。」而回字狀宿舍，以每一個家為單元；一個家就是一個小盒子。小盒子被抬高、串成，像是漂浮在山間的城堡。底下就是孩子們用餐的餐廳、以及課輔的教室。

1. 全區配置圖。2. 從原有院區穿過新院舍教堂周遭、進入後側山坡地的路徑，新院舍是整合整個育幼院園區的節點，也是未來的主要生活空間。 3. 2010 年 8 月的提案模型之一。

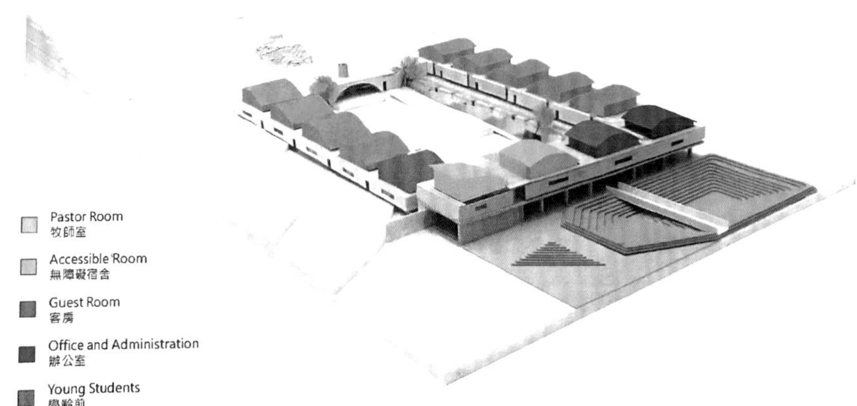

1

動線配置：定義家與教堂的關係

接下來的課題，是定義家與教堂的關係。這一部分幾經來回，與院方有多次討論。設計上最初的想像，是希望讓家跟教堂之間呈現打開的串流關係；孩子能夠在裡頭優遊自如，自由地從教堂進入住宿單元的回字區，或在宿舍區中也能任意地進入教堂，在育幼院原來「交朋友、養小孩、傳福音」的精神下，讓原來設定有公共性質的教堂成為孩子們的客廳、乃至於在聖誕節、院慶時也能成為六龜地區的交誼大客廳。

不過對院方來說，當整個區域串流關係過於開放時，對院童的管理也會產生實質困難。當教堂辦公眾活動的時候，來參加的人數可能是上百人，開放的關係會讓院區的安全有所疑慮。

如果是開放，那該要多開放？又或者如果是封閉，要封閉到什麼樣的程度？這個思考的擺盪，不只在邱文傑的腦中，也一直是與院方反覆討論、交換意見的面向。

「有時候一些你壓根沒考慮到的角落，就是他們真正的需求。」在這個過程中，邱文傑也慢慢地修正自己對於育幼院的想像，以更貼近無論是院童生活、院方管理的實際面，設計也在這樣的過程中細細地被捏塑出來。

在最終版的定案中，邱文傑將育幼院的住宿單元入口動線與外部訪客的入口動線在滯洪池的橋前、進入育幼院前就先分開，形成兩條各自獨立的動線，讓動線規劃更為分明，也照顧了育幼院孩子們生活區域的隱私需求。

住宿單元：迴廊作為生活動態的場域

進入住宿單元，漂浮的回字中，西側是女生宿舍、東側則是男生宿舍；北側接連教堂二樓，南側則是院長室與行政辦公室。原來設定上希

2

望回字的四邊可以完全通透，讓孩子們在裡頭自由穿梭，不過後來實際檢討使用面後，將宿舍區收攏成較為封閉的區塊：單側宿舍區塊內的各家單元間可以彼此串通，但無法通到對側宿舍區。

然而這樣封閉的宿舍區內，卻也有著另一層公共性。只要走進宿舍區的管制門，家跟家之間，就是以迴廊串接的通透廊道。各家單元是各自獨立的白盒子，盒內分為兩層：上層為寢居與閱讀空間，下層收納空間；在家盒子裡，可安靜閱讀、書寫、睡眠，作自己的事、保有自己的空間，勾畫屬於靜態的生活面向。

而走出家盒子門後，迴廊就是交流的場所——在這裡有沙發、椅子，有桌子與電視，也有小吧台，孩子們可以在這裡自己做簡單的早餐吃、聊天、串門子。繞到家盒子的後方，則有曬衣的廊道。在這條迴廊中，不僅整合了孩子們平日的動態生活，也讓各個小家彼此融合，成為一個大家庭。

「完成的建築，只是一張空白畫布」

十年來的反覆調改與翻案無數，都是需求、想像、預算之間的角力；對邱文傑來說，這個設計過程的掙扎始終沒有停過。或許，對於生活來說，又有什麼是絕對正確的解答呢？

接近完工的時候，邱文傑特別找來一些高低不同、各種樣式的椅子，搬到育幼院。「我想在住宿單元的廊道上放這些椅子，讓大家可以自由隨意地坐，」此刻建築師的表情露出了孩子般略帶稚氣的光芒，「到了現在的階段，我很想為他們佈置家具，到處找一些漂亮的二手家具也好，想像他們之後在這裡生活的景象。」

十年來的投注，參與在這個案子四年多的設計師謝美恩說，「建築師每天都會畫很多美麗的sketch。可能已經有幾千張。」這一句話固然描繪了建築師的投注之深，但直到建築師將那些椅子搬進育幼院的那一刻，或許在他腦中所設計的育幼院空間，已經超越了空間設計的思考而真正進入生活本身。

「越接近完工，我才越深刻地感受到自己設計的建築其實只不過是一張畫布，」邱文傑說，「就像是一道白牆，接下來要真正填入、讓這個空間綻放色彩的，是孩子們的生活。」

1. 定稿模型的配置，朝左下側的五個小盒子為女生宿舍、朝右上側的兩層樓建築中，二樓為男生宿舍、一樓則是餐廳與教室。右下方的南側二樓是行政機能房與客房。 2. 最初構想中的宿舍與教堂之間串流動線，後來在定案中修改成較為封閉的系統。

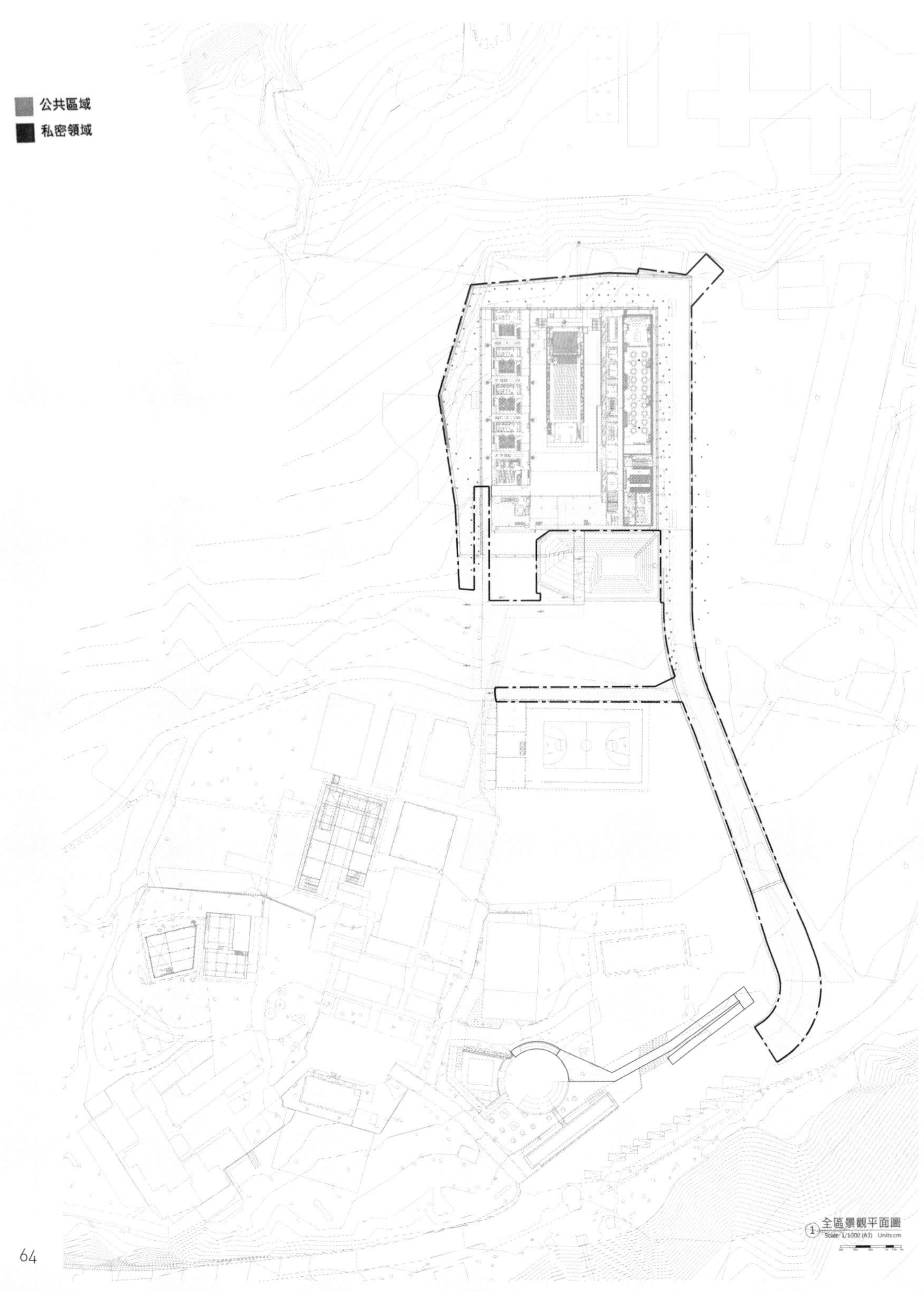
公共區域
私密領域
1
全區景觀平面圖
Scale: 1/1000 (A3) Units:cm

【看設計】之一

「六龜家 +」：串接育幼院的過去與未來

要走往新院舍，得經過這樣的路線：穿過原有院舍後來到風雨球場，沿著舊院舍後方育幼院職工阿貴家旁的小道新的水泥鋪面，經過一段五十米、十五公分厚，高約一米八的金屬網石砌牆引導、斜斜地切入滯洪池前的草地，就來到園區前石砌成的滯洪池；伸進草地的小道一分為二，區分出外部賓客參訪的公共動線與孩子們回家的私密路線：外部賓客的公共動線沿著基地邊緣走到滯洪池、渡過池上的橋進入回字的南側穿廊，可以沿著穿廊中軸線進入教堂、或者沿著教堂到教堂後側；而孩子們回家的路則從草地上的隱密小門進入，直接進入住宿單元的動線，到達的第一站警衛室就作為這條私密動線的管制點。

兩條動線透過回字的內側圍牆區分開來，邱文傑說，座落在回字中的住宿單元開窗朝外側，因此無法看見內側的教堂；這道牆也阻絕了公共動線中的賓客的視線，讓育幼院在舉行公開活動的時候，仍然可以讓院童生活保持不受打擾的狀態。

而公共私密兩條動線會從教堂後方再度交集：賓客能穿過教堂走往後方、孩子們則能從住宿單元穿過來在教堂北側交集。在建築師的構想中，這一塊隱在教堂後側的坡地保留了群山間的林地，將成為一個讓人生態豐富的小小後花園，與周遭的群山自然相連成一體。

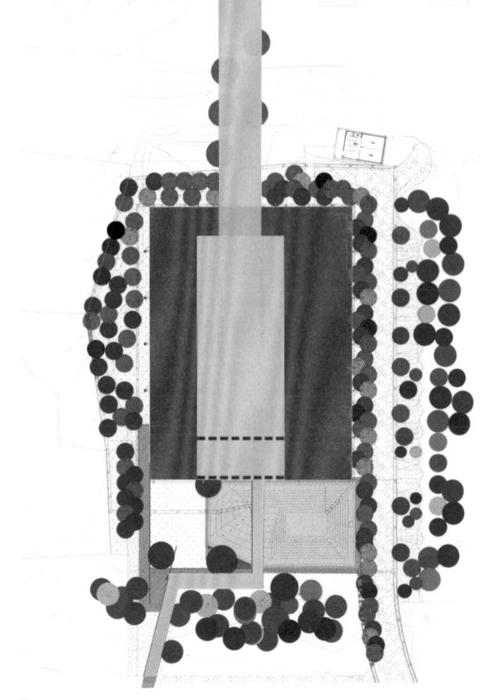

2

於是，回字的新院舍不只是漂浮在山間、孩子們成長的城堡，動線從原有院舍大門前的溪流、吊橋，串接原有院舍、新院舍與教堂，然後與後山相接、也彷彿將生活繼續延伸至未來；這一條空間軸線不只擴大了育幼院的空間腹地，也展開育幼院跨越過去與未來的整體發展藍圖。

當孩子們遷入居住、將整個生活空間都整合進入新院舍後，原來各自獨立的原有院舍建築們也將重新設定成各種體驗式手作工坊，如木作、陶藝、手工皂等，在保留原有院舍中充滿有機特性的生活空間同時，更將之升級成不只是讓孩子們學習手工技藝、同時是對外提供手作體驗服務的空間。讓原來育幼院希望能夠自給自足的營運，透過空間更新而進入現代化社會企業模式，進入下一個六十年的永續經營。

1. 基地全區景觀平面圖配置，描繪了新舊院區之間的關係。 2. 新院區的區域畫分，黃色為貫串舊院區與教堂的公共動線軸線，橘色區則為宿舍區，屬於住居的私密區域。

【看設計】之二

家盒子：
像果核般，構築成長的靜／動面向

從滯洪池旁的小門進入住宿單元的這條私密動線，首先來到作為內部管制點的西南側一樓警衛室。在這裡，路線再次岔分，女孩子們從這裡的門能直接進入一樓宿舍；男生們上二樓，繞道南側迴廊後進入宿舍區。

一旦進入宿舍的迴廊後，就回到了家的所在。

1

住宿區的設計，是透過一個個各自獨立的家盒子、與把盒子串接在一起的開放迴廊，創造出既獨立又融合的大家庭空間。每個家盒子保持各自隱私，但亦開放各家彼此交流——家盒子的內部樓梯往上，就是就寢的空間；與迴廊相接的一樓則以收納櫃隔出照顧者的居住空間，同時設置有小廚房與浴廁。

仔細看，每個家盒子的屋頂都與牆面脫開，創造不只能進氣通風創造空氣對流、同時也能採入部分自然光的隱形入口。圓弧形的屋頂特意設置天窗，一方面作為通風對流的出口，另一方面也能納入從上方來的自然光，邱文傑說，這道光希望能讓住宿單元自然地從這種靜謐中融生出安靜與自省的力量，讓人能夠長出強韌內在、有著在未來不畏風雨的能量與核心。另外，每個家在朝外面山的方向也都設有能眺望遠山的對外窗，在看似封閉的住宿單元中，保留著與山林環境交流的窗口。

迴廊則擔負生活中輕鬆並充滿生命力的一面：進餐、交誼、打掃洗衣等動態活動散落在迴廊中，孩子們能一邊聊天一邊進行這些日常例行的家務。設計上，也在與教堂相隔的清水模牆上特意留出縫口，帶入舒緩的自然光線與空氣。

家盒子本身的造型也幾經變更：最早以充滿理性的方形盒子所圍塑的家盒子，一度變更成有著大折板、充滿造型張力的屋頂；後來再修改成現在小巧、充滿溫柔感的圓弧屋頂。

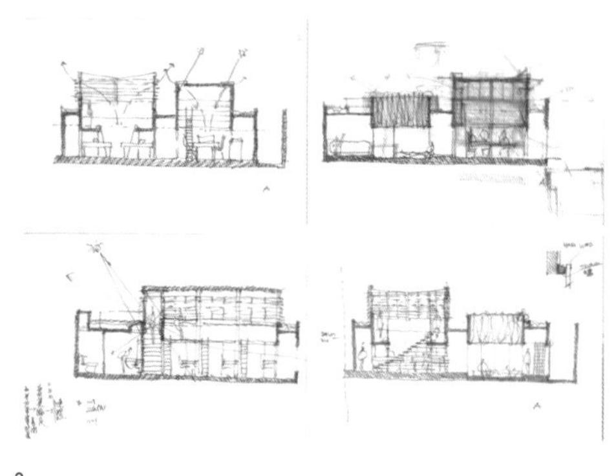
2

3

在居住單元中，該保留多少程度的空間彈性，也是設計過程中不斷琢磨的重點。原來院方希望能夠強化每個家盒子的各自獨立與隱密性，不過邱文傑希望能讓家盒子與迴廊間還是保留一定程度的開放與公共性。多次討論後，將家盒子彼此相鄰的廊側牆面改設成活動拉門，一拉開，就能把家盒子的一樓敞開，讓孩子們彼此串門子。

在有著柔軟線條的屋頂下、漫溢著自然光的宿舍，這個為孩子們打造的空間不僅只於住居、更是能夠滋養心靈、平衡自我內外的生活之核。

4

5

1. 在家空間中，朝外望向遠山的窗。圖為建築師以手機軟體繪製。2. 早期提案中，方型家盒子的內部配置思考。3. 2016 年提案中的大折板屋頂。4. 定案版本中的圓弧形屋頂。5. 全區定案模型。

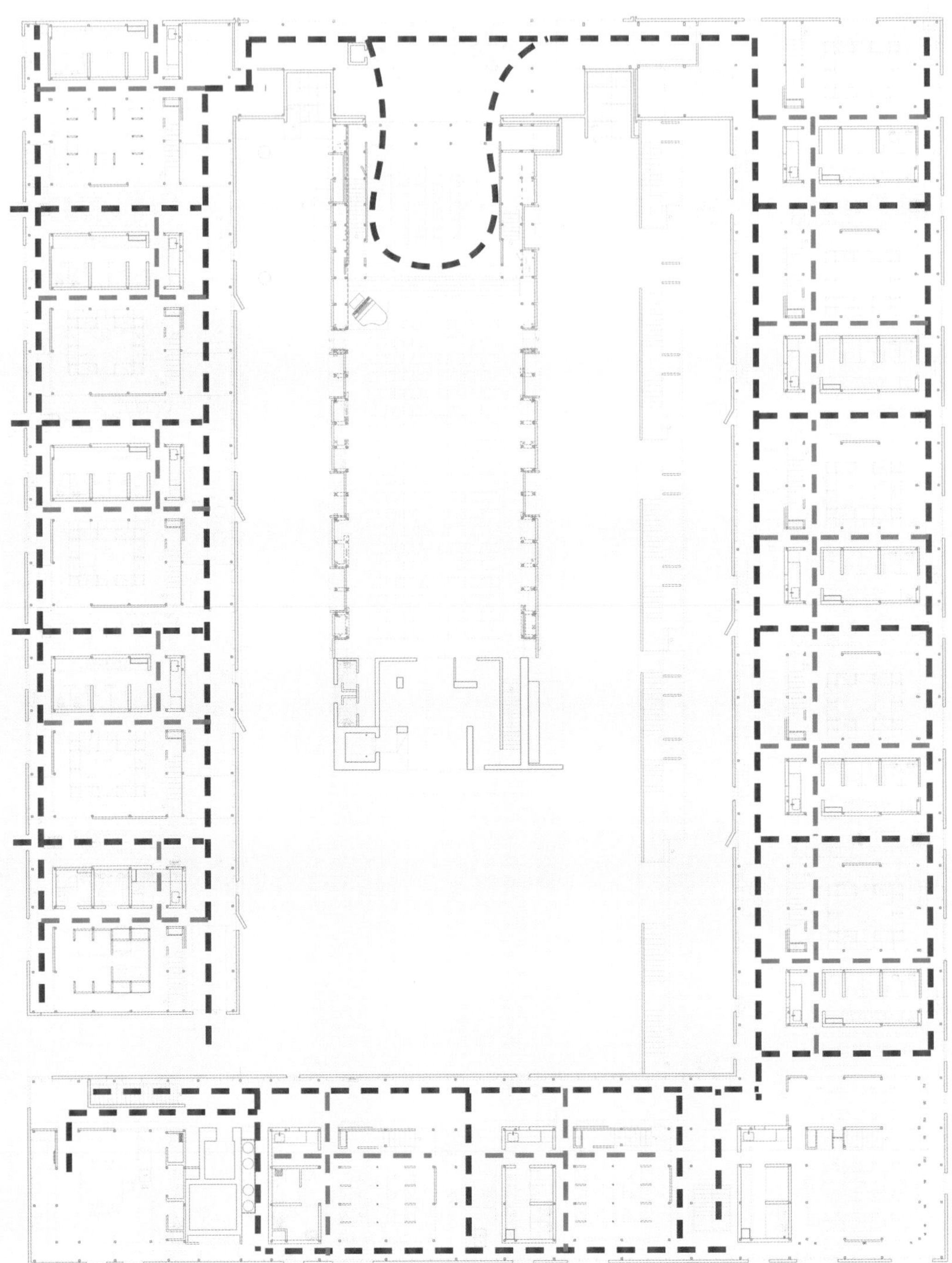

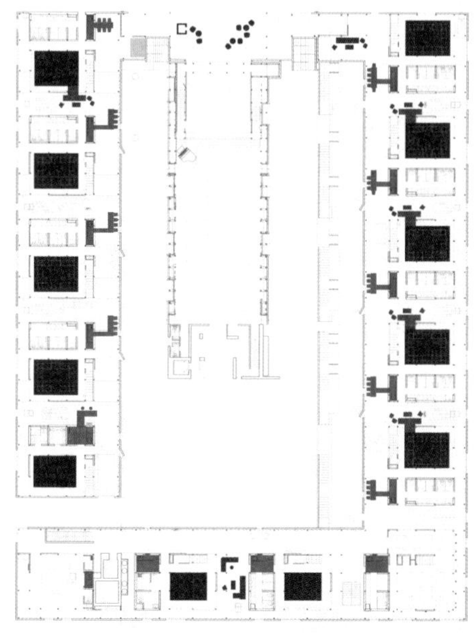

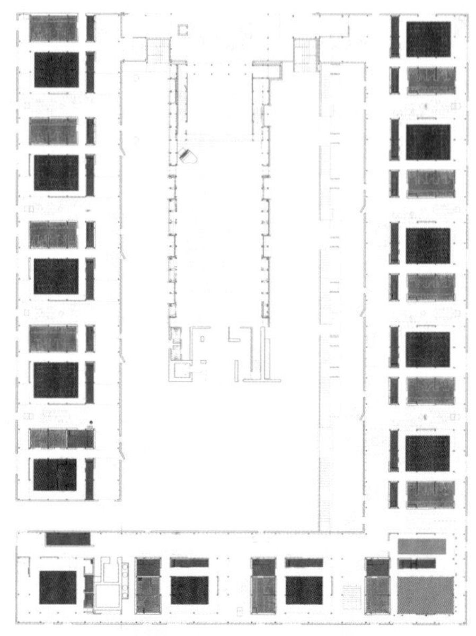

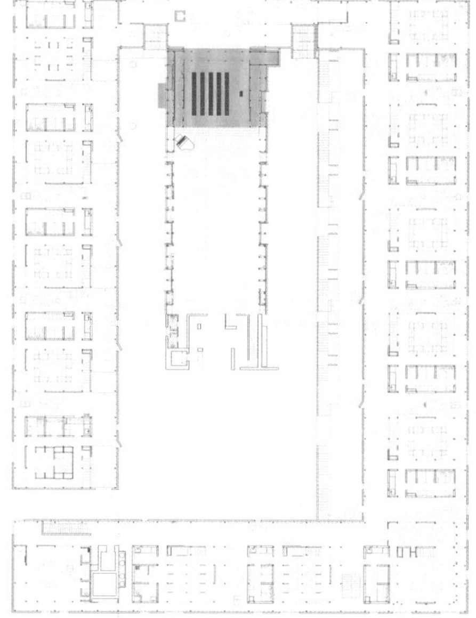

宿舍區動線以家盒子作為「核」來思考，生活從家盒子為中心慢慢朝外滲透，進入迴廊區就能在各家單元間串流，讓「盒子＋迴廊」成為一個大家庭的住居、生活空間。

左頁圖可見家盒子彼此間的串流關係，右頁圖則描繪出從家盒子中慢慢滲透至迴廊區的生活。右頁左下圖黃色區域為教堂的舞台區，平常不使用時，希望能開放串接東西側宿舍，成為孩子們的小客廳。

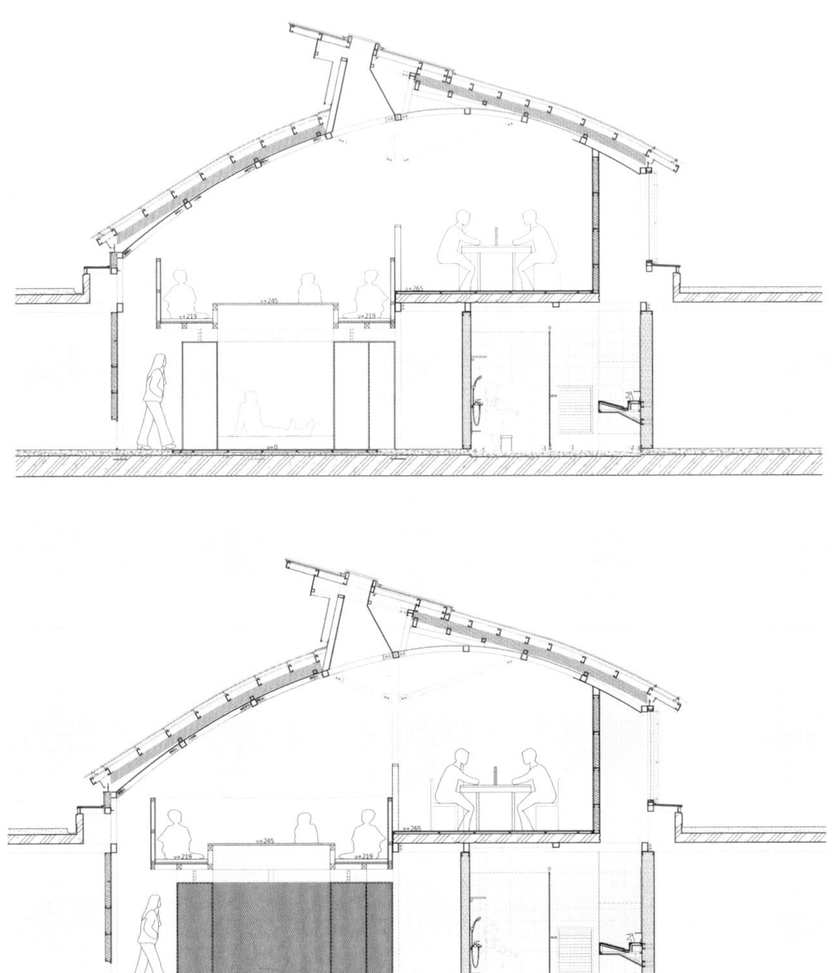

作為生活的「核」、分上下層組構的家盒子。上方為寢居、閱讀的空間，下方則是有收納、淋浴，以及每個家的生輔員、保育員房間。

上方為迴廊空間示意圖，此處作為交誼、豐富生活的交流空間；下方為住居單元中的生活示意圖。本頁皆為建築師事務所構想提案之意象圖，圖中孩童並非真實的院童照片。

【看設計】之三

多功能教堂：是孩子們的客廳，也是運動場

落在新院舍中央的圓弧屋頂教堂，是育幼院未來的精神中心，同時也是以公共需求打造的多功能空間。原來的預設上就希望能符合不同的機能：在最內層的舞台區，是小規模人數使用時的教堂；大型活動時使用的座位區，平常將椅子收起就是讓孩子們練舞、運動的多功能廳，有活動時就對外部開放。要如何將這些機能融合、並根據小至數十人大至三、五百人等不同人數規模做活動隔間，也是設計上的一大挑戰。

從正面進入，下方清水模、上方木質雨淋板的組合充滿質樸的自然性，這樣的材料選擇呼應了六龜的地景：荖濃溪河床上的石色、群山林間錯落如葉的木質感。入口玄關的四面清水模牆面，是刻意留下來、在未來可作為展示用的牆面；刷白的挑高鋼結構內部與外頭木質雨淋板構成質感轉換，也予人相當新鮮的感受。除了做禮拜之外，這裡也是六龜山地育幼院合唱團的主要練唱及表演空間，因此在聲學設計上亦特別進行過測試。

教堂的空間則有三進層次：出入口的玄關牆、進入教堂的座位區／多功能空間，以及更往北側裡走、結合後方迴廊的舞台區。迴廊區能連結兩側宿舍，平常關閉不相通連，但需要使用迴廊區練舞、練合唱或樂團練習時，則開放使用，成為孩子們的小客廳。教堂南側二樓是約九十平方米、有著活動拉門的交誼空間；拉起簾門時，就是封閉起來的交誼空間，設有咖啡桌椅與投影屏幕，可以招待賓客、也可用作小型會議使用；打開門，就是能夠參與教堂活動的二樓看台區。

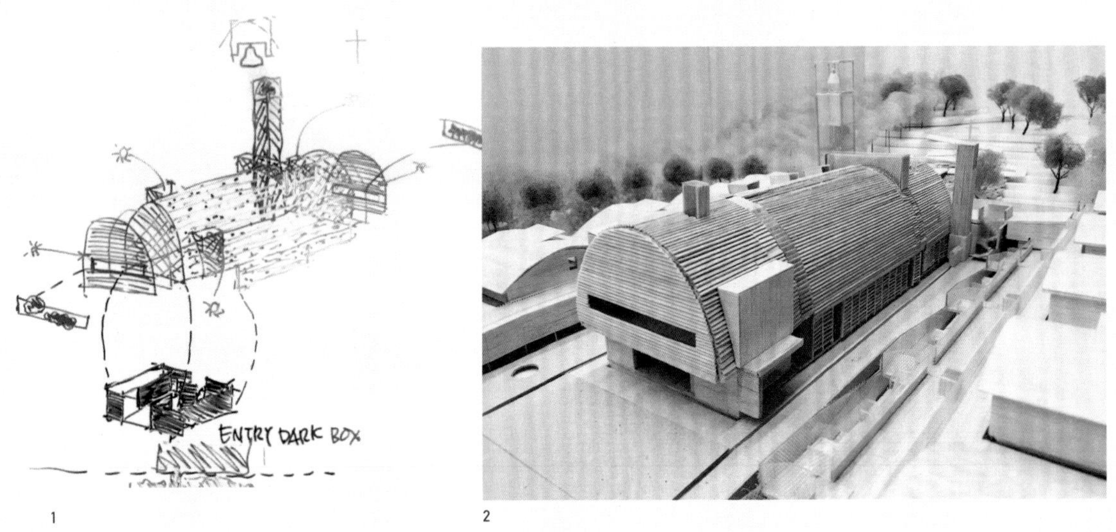

1 2

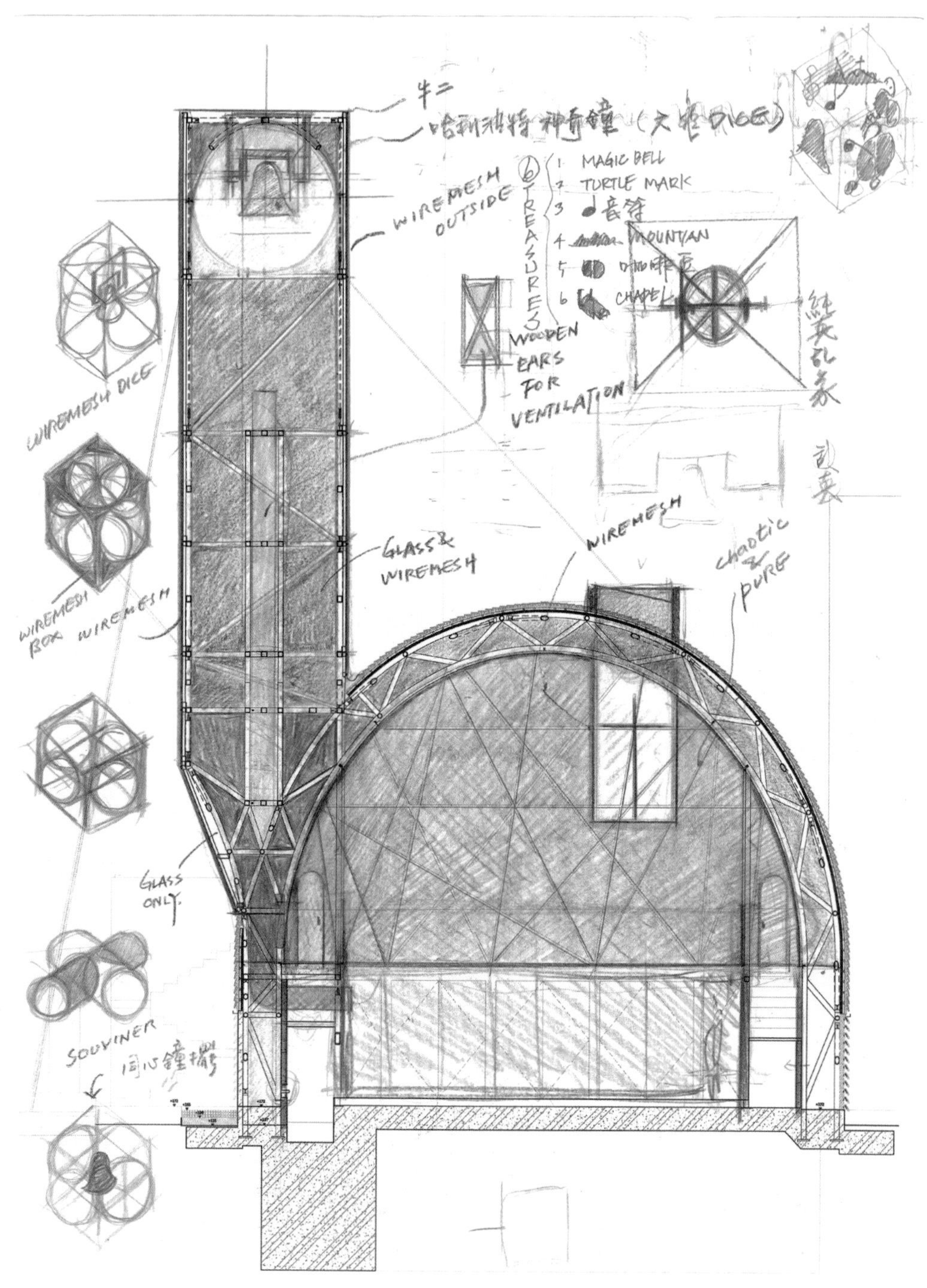

3

1. 教堂草圖。進入以清水模搭組的玄關後，進入的黑盒子空間，就是多功能使用的區域。整個教堂僅有七處天光進入的開口。2. 教堂模型。
3. 教堂與鐘塔剖面草圖。

在教堂中，邱文傑以空間內的光量控制來定義各不同分區：走入教堂時，原則上是全黑暗的空間：無光而寬敞的室內可作為運動、練舞使用的多功能廳，靠近教堂舞台處的黑屏幕落下時，多功能空間就只能從圓屋頂中的開口透入微光。

布幕另一側則是舞台與後台廊道區，有著來自鐘塔與東側頂窗投射十字架的兩道微弱光線，在這空間中，能把人的精神與意志從黑暗中收束起來，讓人更專注於內省狀態；而當教堂舉辦大型禮拜的時候，就能將布幕拉起，讓教堂轉換成大型活動使用場地。

1

2

4

3

5

來自鐘塔與十字架的頂光、南北立面雨淋板上方的開口、祈禱室的弱光⋯⋯；幾道充滿精神質感的光線打造的教堂，不僅界分了不同功能使用，也保留下屬於教堂超然的獨特性。

或許這個結合了俗常生活、宗教與精神的育幼院教堂，重新定義了真正的「歸屬感」——它是所有人都能回來的、屬於每一個人的「家」。

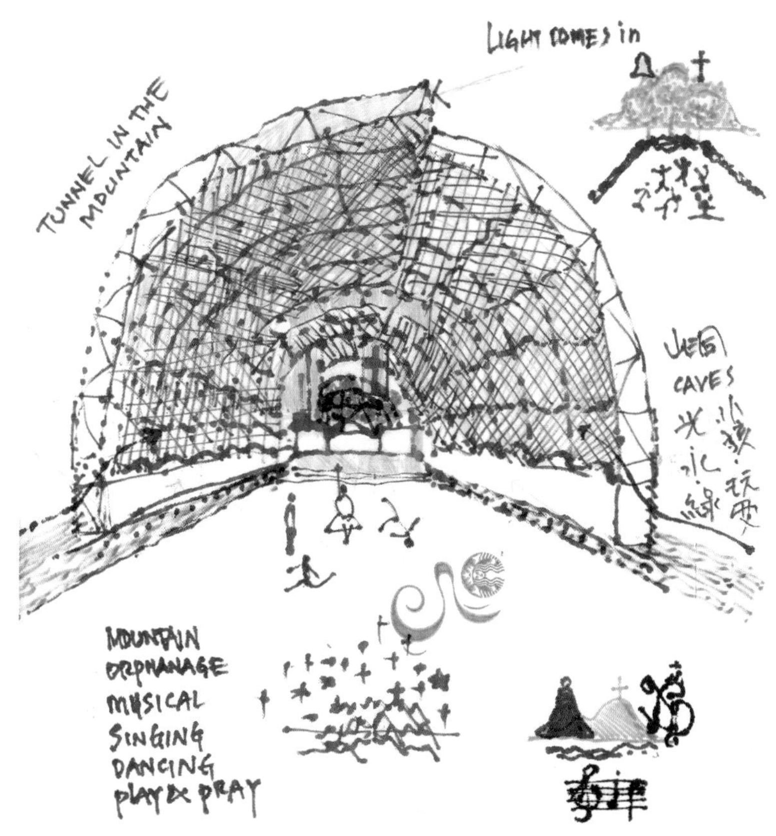

6

1. 靠進教堂舞台上方、能夠透下微光的頂部開口之一。2-5. 教堂二樓看台區使用示意，與教堂空間以拉門隔開，拉開拉門時就能作為看台、關上拉門時能作為會議與交流的場所。6. 教堂概念草圖。

2019 年 1 月教堂鋼構初步完成

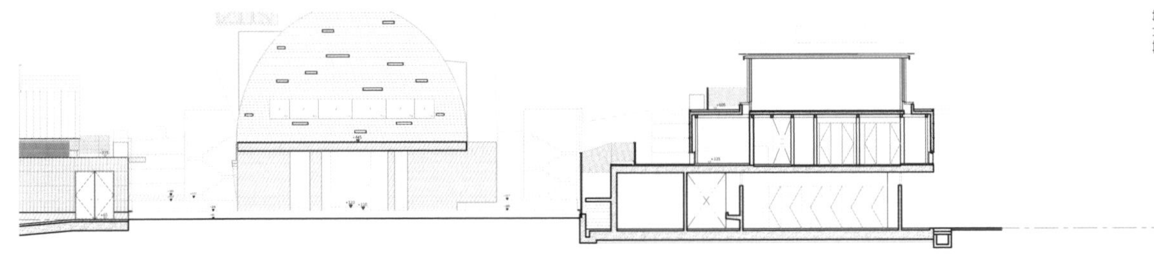

南向剖立面圖

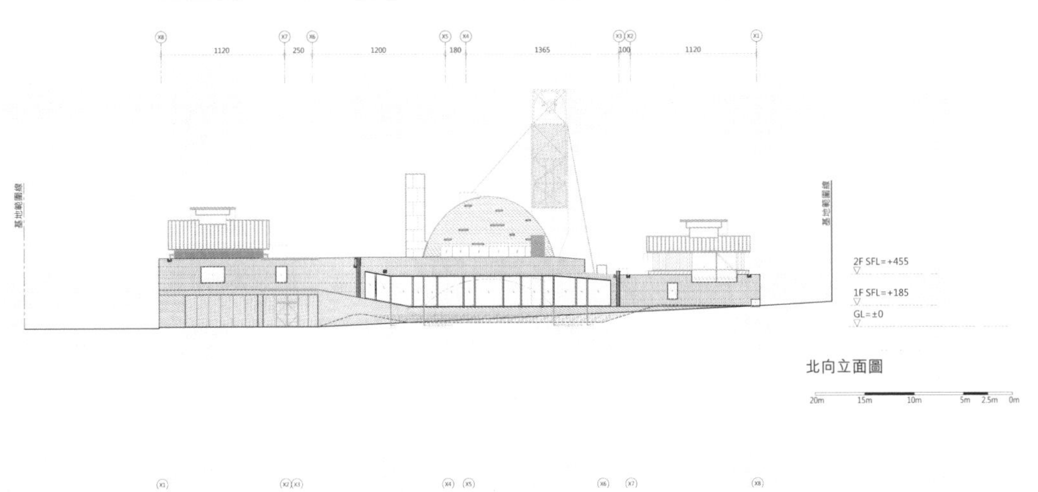

北向立面圖

從上方的南向剖立面與北向立面，可以看出教堂與宿舍區的關係與基地些微的高低差。

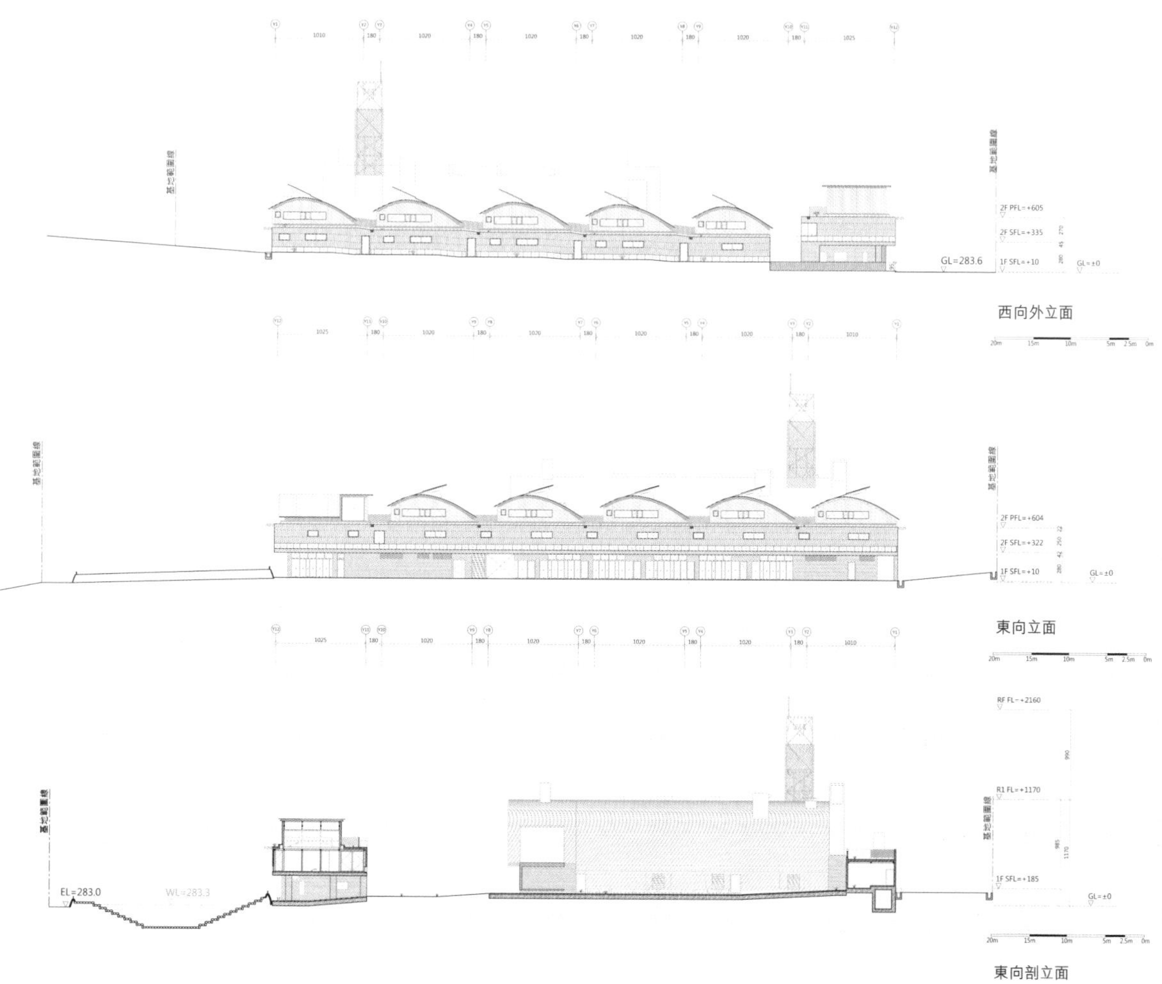

最上方西向外立面為女生宿舍外觀，中間東向外立面為男生宿舍外觀，一樓即是餐廳空間。最下方的東向剖立面則是從教堂與男生宿舍間看見的教堂側立面。

在靜謐的力量裡，種下善的種子

三方對談，資助者╳建築師╳育幼院

關懷臺灣文教基金會董事長　李　濤
大涵設計／邱文傑建築師事務所主持建築師　邱文傑
財團法人高雄市私立山地育幼院院長　楊子江

對談日期：2018.8.31

1

李濤　二〇〇九年八八水災前，我雖然從沒來過六龜山地育幼院，但從我小學開始，就知道這間育幼院，聽過很多楊老牧師帶著孩子的故事，心裏想，有機會一定要跟著楊老牧師做點事。這個埋在心裡深處多年的念頭，直到八八水災發生的時候，我第一時間擔心孩子們住的地方有危險，趕緊與育幼院聯絡，希望能利用基金會募得的善款給六龜山地育幼院的孩子蓋一個新家。

2

楊子江　當時接到基金會，說要給我們蓋新房子的電話，感覺到是天使在做這件事情。我們院裡的房子普遍都有半世紀左右的年歲，多半老舊，聽到能有機會蓋新的房子，育幼院裡上上下下都非常感動。

李濤　我記得民國一〇二年五月二日我來到育幼院，是第一次與楊老牧師見面，也是最後一次見到他。楊老牧師見到我時一直謝我，我跟他說別謝我，這是很多好心人共同的心意，他仍然一直謝我，直說是上帝聽到他的禱告。對他來說，人生中最大的使命，就是在他有生之年，孩子們能有一個安定的家。兩個多禮拜後，楊老牧師就離開人世了，在那之前上帝應許了他的祈禱，無任何掛念的離開，很安心地回歸到主的身邊。

關懷臺灣文教基金會已經經營十多年了，在九二一地震發生時，我們也曾幫助中部的學校蓋新校舍，每棟新蓋的建築防震係數都超過六級以上，這次，我們又找來當時九二一地震博物館就合作過的建築師邱文傑，以他建築的專業背景，而且做事認真專注，一聽到我們的想法，二話不說一口答應並且立刻進到專案來，風災後沒幾天，就派員到六龜山地育幼院來勘災。

邱文傑　收到基金會邀請時，當時還有其他小學也因為風災有新校舍要進行，但我第一個直覺反應是我要做育幼院！因為我長期都在都會區工作，對這些偏鄉的事情的了解都來自書本，在建築本業還沒直接接觸過，所以在腦海中一直有個聲音，很希望有機會能參與。我的朋友跟我說「You came here for a reason」我當時還不知道到底是為了什麼理由，如今十年過去，臺北到六龜的距離我現在已經很習慣

1. 三人在六龜山地育幼院主恩堂前合影。 2.102 年 5 月 2 日李濤拜訪楊煦老牧師。（本照片由李濤提供）

了，到六龜都是我感到最放鬆的時候，這或許也是我對這個案子很有感情的原因之一。六龜比起我以前執行過的案子來說都要更加偏鄉，而且六龜山地育幼院本身是有點傳奇性的地方，因此一開始要如何破題，就不容易。

李濤　育幼院的定義，在全世界都被認為是一個社福機構，即便做得再好都是一個機構，但在我十多歲開始，對六龜山地育幼院的印象就是一個「家」，一對老牧師夫婦跟他的子女，以及他們收留的眾多孩子，他們唯一的使命，就是要給這些孩子一個家，楊老牧師對孩子很縱容、很寵愛，成績不好他仍然鼓勵他們，這就是家的感覺，從孩子的角度出發。

我想建築師也是同樣的看法，能受到牧師與師母的託付，這個「家」的意義遠勝於一所育幼院的，我聽了很多遍這裏的孩子唱的歌，他們的歌聲是一種對家融入的感覺，那是一種對家的信任帶來的感動。那是從楊老牧師夫婦，到現在的楊牧師與師母，還有這裏的志工與師長們，他們的人生毫無保留的奉獻與投入，讓孩

子們有一個可以安身立命的家，這不是一個冰冷的機構，而是持續地有溫度的關懷，互相扶持，甚至比一般家庭的黏著度更深厚。要蓋出一個新家，我想接下來就是建築師的課題。

邱文傑　至於怎麼破題，我一直很關注使用者的期待這件事情，因此牧師與師母對我的影響很大。與他們互動的過程中，我慢慢了解育幼院的運作系統，開始思考這個「家」所涵括的東西，六龜山地育幼院幾十年來都把這個需求整併在一起，這個精神是很明確的，一個家、一座教堂、一個聚落放在一起，幾十年來沒有變過。

楊子江　六龜山地育幼院的確就是一個家，因為我媽媽是原住民，所以我小時候在泰安鄉讀過小學，對部落生活的印象很深刻，整個部落就是一個家，一戶一戶的房子可能不是很集中，即使翻過一座山，也還是同一個部落，誰家的小孩經過家門都可以關心，部落就是個很大的家。在育幼院裡，也編制有不同的家，各家不同的生輔老師，但是只要是師長都有輔導孩子的義務，可以輔導也可以鼓勵，有時候自己的家長無法處理的問題，很可能只是接送上下學的司機或是廚房的廚師，一兩句鼓勵的話就能點醒孩子，不一定非得是家長父母。每個孩子成長的過程中，都應該要為孩子找出「重要他人」，這也就是大家庭的特質。不管是六個人的家，還是六十個人的家，或是一百二十個人的家，這些特質都是不變的，不以人數或空間大小來規範家的尺度。

邱文傑　我第一次進到六龜，從硬體來看就知道是不同時代的構築，有什麼材料就用什麼蓋，一開始對我來說材料有點多，看起來很紛亂，後來熟悉以後，越來越習慣這樣的紛亂，尤其覺得原先的男女宿舍的構築真是厲害，是很有機的生成，雖然空間小而且亂，但是什麼都有。我認為，現在的使用者才是最關鍵的，像是老師們的意見必須得納進來，設計固然會調整修改，但整體架構還是得抓住，屬於精神性的東西要守住，每一次溝通與意見回饋，對我來說是這樣的辯證跟挑戰，都是學習。

楊子江　我很欽佩有才華的人，剛開始的設計會議，我們都會到臺北的事務所去看圖，那時候還有阮慶岳老師、范雲教授、基金會的美林，那時候覺得建築師很不容易，這個案子還找社會學系的學者來參與討論，我才發現原來建築得跟社會學結合才行。後來，越深入越覺得還是要問第一線住在這裡的人的需求，所以後續的會議就移到育幼院裡討論，持續探討各層面的問題。

李濤　我與楊牧師有個共同特點——很縱容有才氣的人，像他的父親楊老牧師也是會縱容他們的孩子。這十年來，我相信建築師，從來沒有打過任何電話給建築師問進度，也沒問過他為什麼拖這麼久，我們就是「信任」他，相信他會為孩子蓋出最理想的房子。

邱文傑　這些年到六龜，已經快十年了，過程中時常跟育幼院的大家一起生活一起吃飯，在這裡蓋房子，尤其在這段時間我也有了自己的孩子，我發現我的內在有很大的變化，體會也

1

2

變得更深刻。我年輕的時候衝很快，可以說是一個過動兒，一直在戰場上殺戮，但我知道世界上應該有一股安靜的力量，雖然當時我體會不到，但我的內在深處，一直有一種呼喚，很像有一個力量把我帶到這邊，要我冷靜。這一路我也在學習，從都市的菁英，來到偏鄉學習這裏的生活方式，這件想法在這十年來的不同時期，一直灌注到我的設計裡，這個設計做這麼久，因為我一直在學習在調整。

一次變更一次精進，無論是濤哥或是牧師、師母都給我完全的自由，但對我來說這個案子最大的挑戰是我自己，在我的內在，有兩條線極端在打架，一條線的育幼院很活潑很熱鬧很輕鬆，另外一條線，是我的選擇，我選擇在這個地方守住一個更穩定更精神性的東西，我認為這個東西，才是對孩子長久的東西。我在這樣的過程中奮鬥，這兩條線彼此拉扯，包含光線怎麼塑造，窗可以看見多少風景，這些都是身為建築師要決定的，是一個很大的挑戰，但我希望這個比較靜謐的狀態，讓孩子的內在變得很堅強，讓孩子未來要去哪裡都沒問題。

李濤　我也認同讓孩子相信他自己，告訴孩子解決問題的核心方法是什麼，越相信孩子，每個人的能量就出來了，這是六龜山地育幼院給孩子最棒的教育方式。

在這裏看到的無私奉獻就是整個臺灣志工精神集合的象徵，至於要有什麼樣的空間，讓建築團隊去做就好，他們本來就在做本來該做的事情，不需要再額外的感到有負擔，快樂自在，這也就是老牧師講的，「很快樂，很～好！」

完成後的六龜山地育幼院，我相信很多人都可以當作「家」回來。這麼多年來，我認為臺灣的志工精神是存在於每個人心中，建築團隊所做的，已經遠超過建築團隊該做的事情，已經是志工的境界了，建築師認為他在找尋靈性的那一塊，事實上他已經在付出了，那就是臺灣志工精神。志工精神是臺灣的珍貴價值，另外就是跌跌撞撞的公民社會，儘管目前仍不盡滿意，但臺灣的公民社會已經不輸歐美，如果能繼續這樣走下去，公民社會跟志工社會相互扶持，臺灣必是祥和幸福，千秋萬世。

3

4

1、2. 六龜山地育幼院合唱團受邀到各地演出。3、4. 育幼院中的國際志工。

Chapter 4

在山中偏鄉的築造

來到六龜山中，營造團隊開始動手建造這個座落在山林間的城堡，歷時超過五年。這五年多的日子裡，團隊在現地駐紮、盡可能取材當地，尋找當地的技工，克服了許多在偏鄉營造的困難，整合育幼院複雜機能所需的各種介面，懷抱著的就是希望打造出屬於孩子們的居心地，構築陪伴他們的理想生活場域。

營造者的初心
為偏鄉注入新能量

受到邱文傑建築師的邀請，在了解設計理念後，清水建築工坊的廖明彬提議，利用新院舍興建期間，提供六龜當地建築工作機會，同時也培育在地建築人才、提升營建能力。營建團隊隨後展開工程計畫與各項前置作業，包含水土保持、整地等工程項目。二〇一四年十二月舉行新院舍的動土記者會，一年後，從教堂北側地下室開始進行開挖與大底施作，開啟超過營建團隊預期的五年構築長征。

在偏鄉創造更多可能性

地處偏鄉的六龜山地育幼院，在各項營建資源取得相對不易，無論是到高屏市區、或是美濃旗山，即使是最近的高鐵站，都是一小時以上的車程，因此從工程發包開始，一般的協力廠商，聽到工地位置後，幾乎都卻步了，甚至還會提出高出一般都會區報價數倍的施工預算，於是，清水建築工坊想出因應的對策，「自己訓練在地建築人才！」

有十多年豐富營建經驗的清水建築工坊，早已在自家團隊中，培養出不少位資深且擁有專業技術的師傅，在發包不易的情況下，讓資深師傅擔任教練，找來住在六龜附近，一般工地中被稱作「點工」的技工或半技工，由資深師傅帶領，當地的半技工一邊擔任助手，也一邊學習建築專業實作技術，四、五年下來，無論是模板組立、鋼筋綁紮、鐵工焊接、泥作粉刷等，這些半技工因應工程需要，個個已練就多樣技術，並且累積實作經驗，甚至在該工項完成後，由清水建築工坊任用至其他工程專案，因為專業技術能力建立，待遇也提升了，「這雖然是偏鄉發包不易的權衡做法，但的確也是在清水工坊承包初期的企圖心之一。」在建築業界被大家稱作「廖董」的廖明彬這樣說。

啟發院生對建築產生好奇心

參與這個案子背後還有個動機，長期關注臺灣建築業傳承的廖董，十幾年來除了讓清水建築工坊不斷實踐理想，企圖提升現有營建環境的水準，同時嚴格自我要求品質，以身作則，對建築產業生態系中各階段人才的養成，他向來不遺餘力地推動。因此，緊鄰著育幼院舊院區興建的新院舍工地，在他看來就是院生們能近距離了解建築從無到有的生成過程的最好機會，如果能在適當的環節提供他們參與，「說不定能啟發孩子們對構築的興趣，甚至成為他們未來維生的專業技能之一。」他希望，透過實際參與或學習，破除普遍人們對營建行業的刻板印象，有更多的理解，而開啟對營造工程更多的想像。這是廖董參與這個案子的初衷之一，儘管後續執行上考量工地安全，以及院童、院生必須以課業為重等因素，無法完全落實，但在建造過程中，不定期帶領院童、院生參觀工地，不僅讓他們對即將入住的生活空間建構實際畫面，也親自感受工地中的情況。

維護設計價值，營造人手工打造

建築生成的過程中，從平地開始一路將設計構想落實、完成，身為營造者除了可行性以外，理解建築師的設計理念並且貫徹至終，堅守設計價值而量身打造，是體現出建築產業中的構築工藝精神；實踐構築的意義，是廖董所帶領的營建團隊中很重要的特質。「這次的構築，並不是非常高技術性的工程，只是身為營造者，要符合設計上的需要來完成設計的意圖，原有的工法或是規格做不到的話，就得想辦法去打造出來，就算是靠手工去做，也要維護『

設計的價值』，也因為這樣，整體的工程進度多少會受影響。」廖董認為，從結構體開始，育幼院新院舍的營建工法，像是鋼筋混凝土、鋼構工程等在業界都很常見，並不是太困難的技術，然而出於預算考量，必須選用的經濟建材配搭使用，於是，從各種可用建材選擇、施作方式的突破往往得花費更多的時間。廖董進一步說到，這些較為經濟的建材要做出精緻度，必須仰賴現場師傅的技藝來提升，每一個環節都馬虎不得。

設計與營造的整合

建築專案執行的過程中，包含的工程項目非常多，衍伸出來的介面十分繁雜，「整合」是很重要的環節。從設計團隊的思考到實際施作面的檢討，很可能因為營造團隊回饋可行性的做法而必須有所取捨，在設計與營造兩方得來回討論，也可說是理想與現實之間的拉鋸。廖董帶領的營建團隊成員，多半來自建築設計的背景，格外能理解與尊重設計團隊的思維與意圖，但討論過程中也會有意見不同之處，此時就得權衡取捨。「身為施工單位，在圖面檢討階段，必須回饋專業意見，清水建築工坊特別著重在使用性。」廖董說，過去營造方常常肩負到完工交屋後的修繕保固，對於使用性的掌握有很多經驗，因此在新院舍的各項方案中，常常提出具體實際的回饋，與建築師共同站在為育幼院打造更理想的新院舍的目標前提下，共同整合出最理想的方案。

構築孩子的居心地

從接觸新院舍的專案開始，廖董格外感到這個任務的意義有別公司內其他的專案，在偏鄉的育幼院，長久以來盼望的是在風雨中堅固不會漏水的新家，因此新院舍完成後，希望住進來的孩子們是安心的，並感覺到這裡是個能安穩居住的家。

1

2

因為六龜山地育幼院所傳遞無私奉獻的精神，他不諱言會比以往投注心力在這專案中，在執行中也盡量回饋意見，這些年來，他維持每週到六龜山地育幼院的工地至少一趟，完工前甚至兩、三趟，「如果只是作為一個施工者，我就不會這麼頻繁地來六龜了。」廖董笑著說，他用更高的營建標準來要求自己與營建團隊，並非只擔任營造者完成建造的目的而已，更慎重地考量包含各種細節、材料、安全性與使用便利性等，盡量站在院方的立場，為院童以及師長著想。廖董提到，參與專案開始，每年固定會參加育幼院年末的院慶，往後不僅持續參加並且廣邀他的各方好友一起來六龜，讓更多人來認識這裏，讓更多人知道原來在臺灣，有像六龜山地育幼院裡這樣的一群人，無私奉獻一生養大孩子；他希望人們都能來聽聽孩子歌聲中無邪的純真，感受臺灣角落還有這樣珍貴的價值。

3

1. 設計與營建團隊在興建基地中討論。2. 工地中隨處都有溝通討論的痕跡。3. 廖董與育幼院的朱世珍師母巡視工地。

【看工程】之一

客製化的清水模板

在實際施作清水模牆工程之前，營建團隊先以不同模板板片拼貼方式，做出數種清水牆的表面效果，提供給建築師與院方討論，作為決策依據。工地經理陳俊偉提到，設計團隊提出希望以六公分橫向木條作為分割方式，來組立教堂北側地下室空間的模板，由清水建築工坊團隊內部的模板師傅，帶領六龜當地的半技工，初期依設計團隊所提供的模板分割圖面，在現場製造生產杉木紋模板，先將傳統板片切成六公分木條，以鋼刷將木紋刷出明顯紋路，再拼貼於夾板上，才進行牆體與天花板的模板組立。

此外，因應設計團隊需求，為避免傳統清水模在完成後，固鎖模板一般稱作蓮霧頭的五金零件，在完成面留下圓孔，營建團隊統合過去的經驗，放棄傳統固定模板的作法，將原有的五金零件，改在牆體中以不鏽鋼圓管貫穿，作為維持牆壁厚度的元件，再用牙條固定於模板外側，做到內擋與外拉的效果。這是重組各式五金零件的特性，結合豐富的施作經驗，由團隊自行發展出來的變通作法。然而，在尋求創新工法的過程中，以土法煉鋼的作法執行，花費時間也是不可避免的，像是特殊需求的教堂北向地下室弧形天花板，全靠木工師傅精湛的技藝，兩位師傅花了一週的時間，才組立完成。

在宿舍棟的餐廳、行政空間、與教堂南側入口處，則是以自製的黑色六公分木條清水模板施作；而後段執行的宿舍棟外牆，以傳統杉木板模組立，但在外牆模板側，設計上因為加入橫向兩道洩水線，在模板組立時就得預留溝槽，未來在拆模後，於溝槽中加入不鏽鋼片導水，增加清水牆面的洩水功能。

1

2

3

4

1 在工地自製 6 公分寬杉木紋清水模模板。
2 自製的杉木紋清水模板。
3 行政與餐廳空間組立中的杉木紋模板。
4 灌漿拆模後。
5. 團隊自行發展的五金鎖固方式。
6. 宿舍棟外牆上的導水片溝槽。

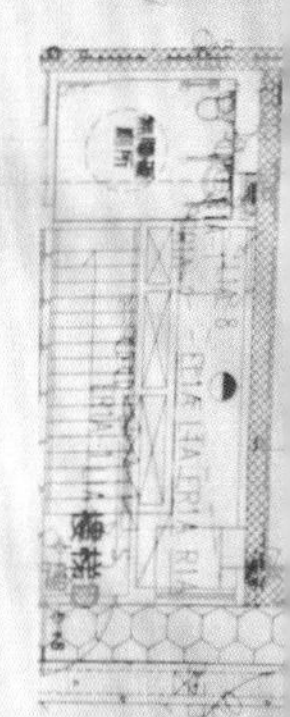

會議室(投影)多功能教室
電腦教室
個人諮商室
課輔教室
走道
餐廳
廚房

與時間賽跑的灌漿作業

在鋼筋混凝土灌漿作業中，水泥品質的掌控是清水模工法的成敗關鍵因素之一，工地主任徐國城提到，在偏鄉當地的水泥廠，對於清水模水泥原料與施作的經驗相較缺乏，因此灌漿施作當日，營建團隊必須派員親自到預拌廠確保水泥品質。此外，水泥運送的車輛調度，對灌漿成果的影響也很大，在偏鄉也因為車輛通常數量不足，難免會遇到灌漿作業中斷等待的情況而影響灌漿品質，營建團隊必須戰戰兢兢嚴陣以待。

然而，像是全區各樓板的硬化地坪施作，每次灌完漿，必須接著進行地坪粉光，要充分掌握漿面整平的時機，接著等上四至五個鐘頭，旋即在表面層塗布保護劑，因此，往往當日的地坪灌漿作業施作完成，都已經是半夜了。

整座院區裡的鋼筋混凝土牆體與地坪作業，從模板到鋼筋到灌漿，先施作宿舍棟再到教堂，從設計團隊確認圖面後，進行模板、鋼筋組立，水電施作，如此程序反覆推進，地坪好像拼圖一樣，一塊一塊灌好，直到全區完成。

1

2

3

4

1、2. 灌漿前模板、水電管路等必須完成覆核。3、4. 灌漿作業。

2016 年 7 月教堂北側地下室杉木紋清水模完成。

【看工程】之三

返璞歸真的滯洪池砌石工法

滯洪池的石砌施作廠商發包過程也遇過不少挑戰。起初，設計團隊設定施作的卵石為三十至四十公分大小，並且希望是以傳統「乾砌石工法」施作，營造技術日新月異後，如今還能以傳統工法施作的工班不多，加上聽到這麼大顆的卵石，此重量不易以徒手拿取，施作的難度提高，加上位處六龜偏鄉，紛紛回絕。後來，與設計團隊溝通後，將卵石大小調整為十五至二十公分，也透過各方推薦，才在屏東枋寮找到這班師傅願意前來施作。

依據設計團隊所設定，希望是不使用砂漿固定的「乾砌石工法」，而是利用石頭之間相互緊靠來固定，這樣的工法必須仰賴石頭底部或後側的土壤夯實，石頭利用嵌入土壤中增加附著度，並且利用石頭與石頭的自然形體彼此牽制互相抵住固定。這樣的工法，營造團隊發現後續的維修機率相對會提高，容易鬆動的石頭會讓施作後的石砌邊坡極易崩落損壞，因此部分易鬆動的石頭，局部填入砂漿確保穩定性。

這支屏東來的砌石團隊，每天單趟車程需要一小時，加上石頭搬運借助機具，五位師傅花費兩個月完成。

1. 2017 年 12 月來自屏東枋寮的砌石團隊作業中。2、3. 需要機具輔助作業才得以完成施作。

【看工程】之四

分寸嚴謹的鋼構工程

佔教堂結構體七成以上的鋼構工程，是新院舍的重點工程之一，營造團隊在取得設計圖後，進行鋼構協力廠商的遴選，以及圖面檢討、繪製施工圖、加工圖後，各部鋼構件在鋼構廠內生產，營造團隊到廠勘驗，確認無誤後，才送回六龜工地現場進行組裝焊接；在這期間，也必須同時處理主結構後的隔熱層、水切鋼板安裝、防水毯等處理，後續才有外牆的雨淋板施作、與耐候鋼吊裝等作業。

教堂屋頂，因應機能而生的屋凸，以及鐘塔，加入玻璃、耐候鋼等材質，材料介面細部收頭必須事先規劃，鋼構工法相較鋼筋混凝土工法尺寸精準，缺點則是一旦加工完成與現場施作後，不易修改，因此事先的圖面檢討階段，必須更加嚴謹，每一階段現場施作後，工程團隊必須回到現場重新丈量尺寸，調整圖面上的生產尺寸，再交由鋼構廠進行下一階段的構件生產，步驟反覆進行直到完成為止。

營建團隊中的工程師柯驊耕，負責教堂的鋼構造營建項目，從設計圖面檢討，繪製施工圖、加工圖，以及現場安裝施作，和各項材質介面的檢討。他必須整合建築師、廠商與現場師傅，以及與其他工程項目的工程調度等工作內容，像是教堂的南北側立面上的設計，經過多次變更設計後才定案發包加工製造，配合設計上的要求，在設計圖轉繪成施工圖時，營建工程師從理解設計原則後，實際繪製成可施作的圖面，例如：南北向牆面的通風鐵件，此牆體上的開口構件，設計單位的要求其寬度設定與面材雨淋板的一致，而鋼構牆體的開口會牽涉到最底層的鋼結構、次結構、防水隔熱、雨淋板等至少四種工種，負責的工程師就必須整合各材質介面、尺寸關聯性、收頭封板等，以及調度工序讓施工的師傅能順利作業。

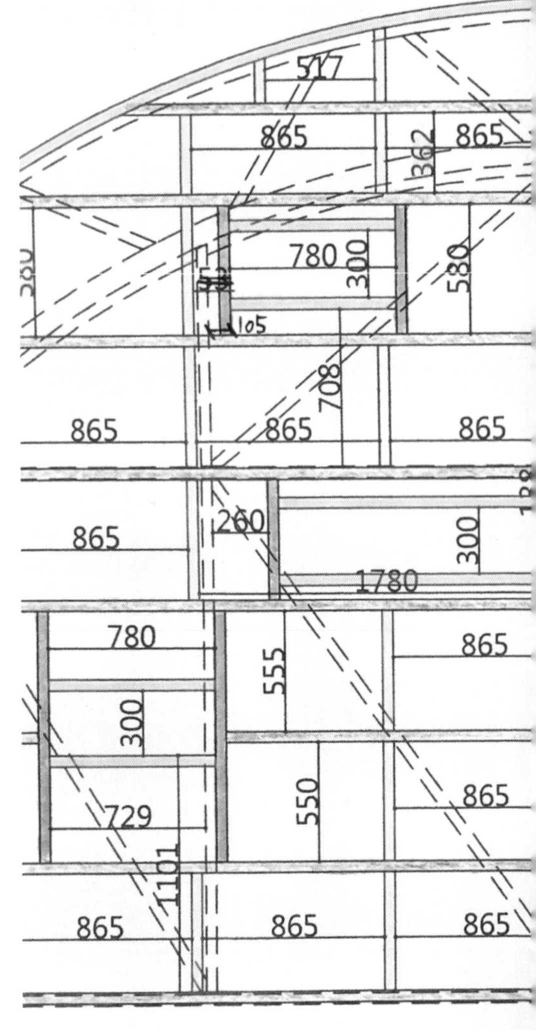

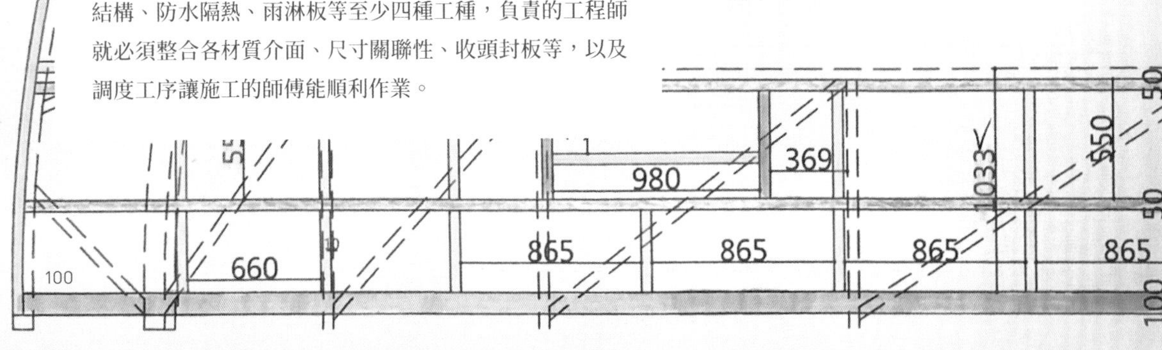

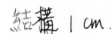

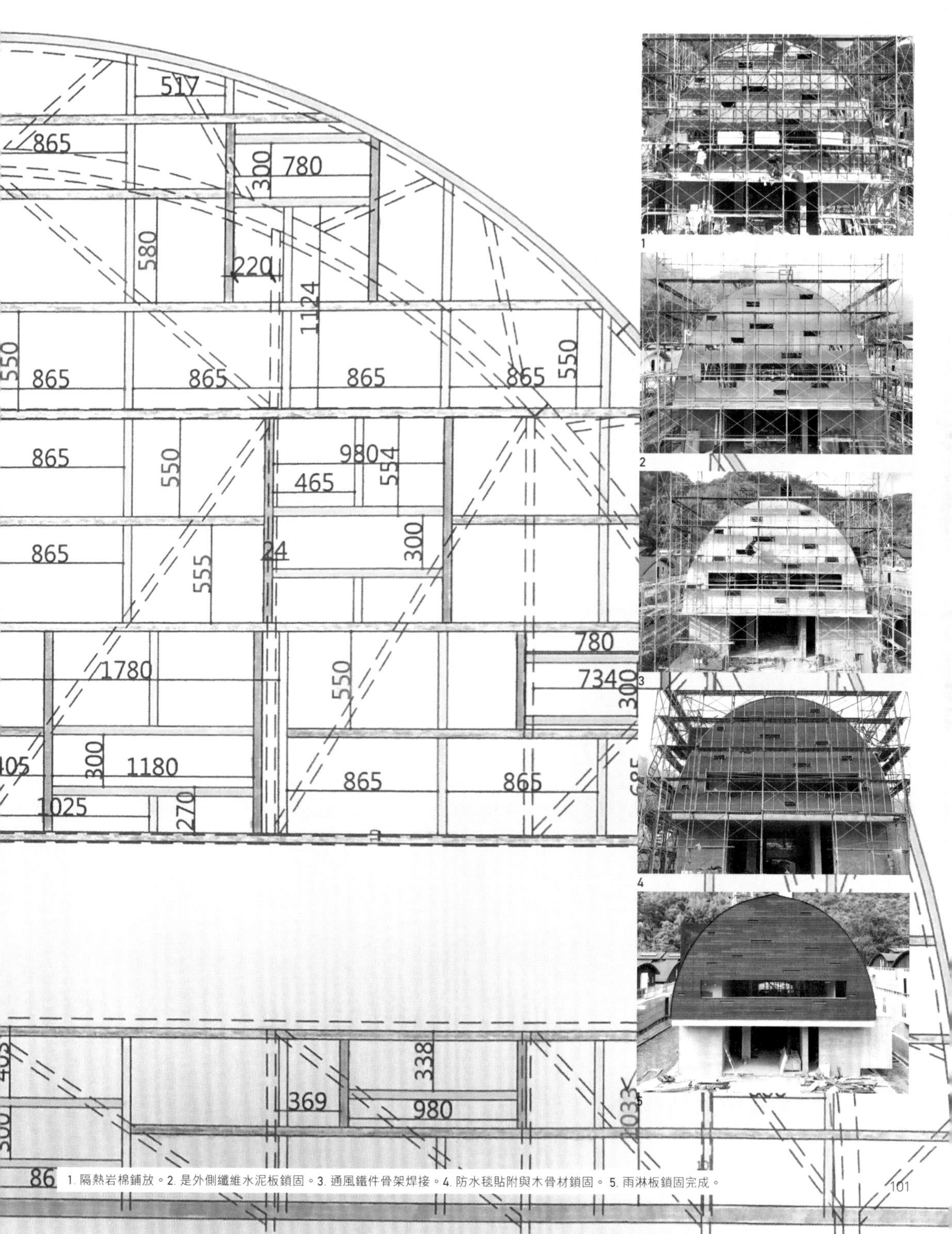

1. 隔熱岩棉鋪放。2. 是外側纖維水泥板鎖固。3. 通風鐵件骨架焊接。4. 防水毯貼附與木骨材鎖固。 5. 雨淋板鎖固完成。

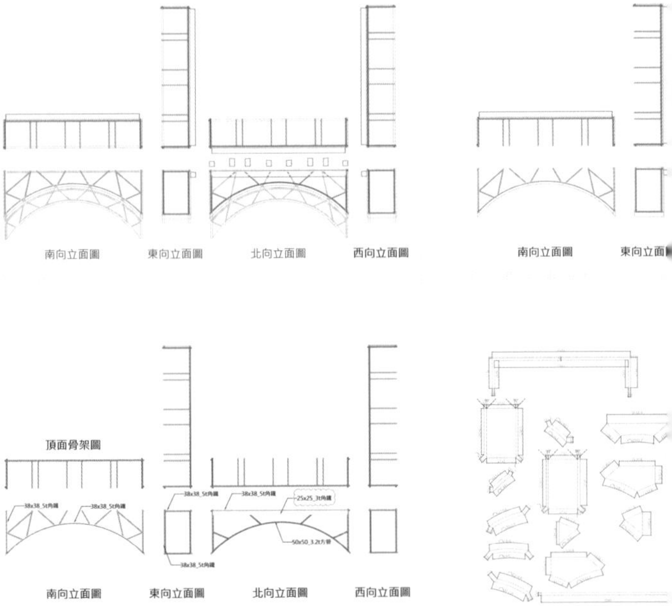

南向立面圖 東向立面圖 北向立面圖 西向立面圖 南向立面圖 東向立面圖

頂面骨架圖

38x38_5t角鐵 25x25_3t角鐵 50x50_3.2t方管

南向立面圖 東向立面圖 北向立面圖 西向立面圖

▲教堂昇降幕外部耐候鋼屋凸構造加工

▼教堂南北立面通風盒製作圖

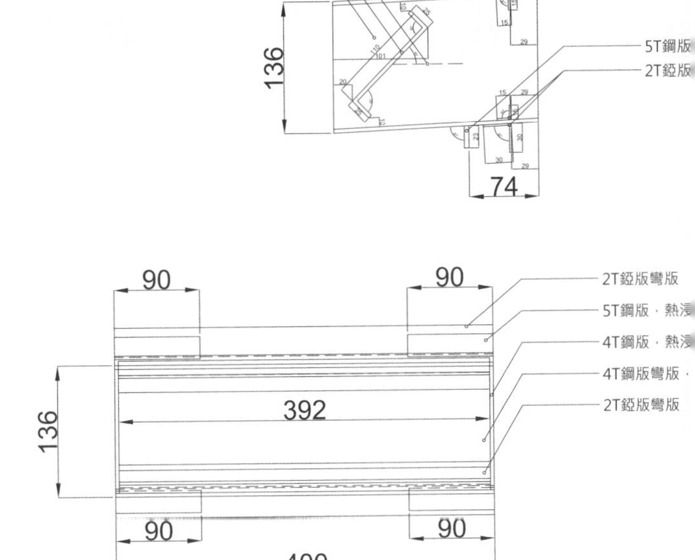

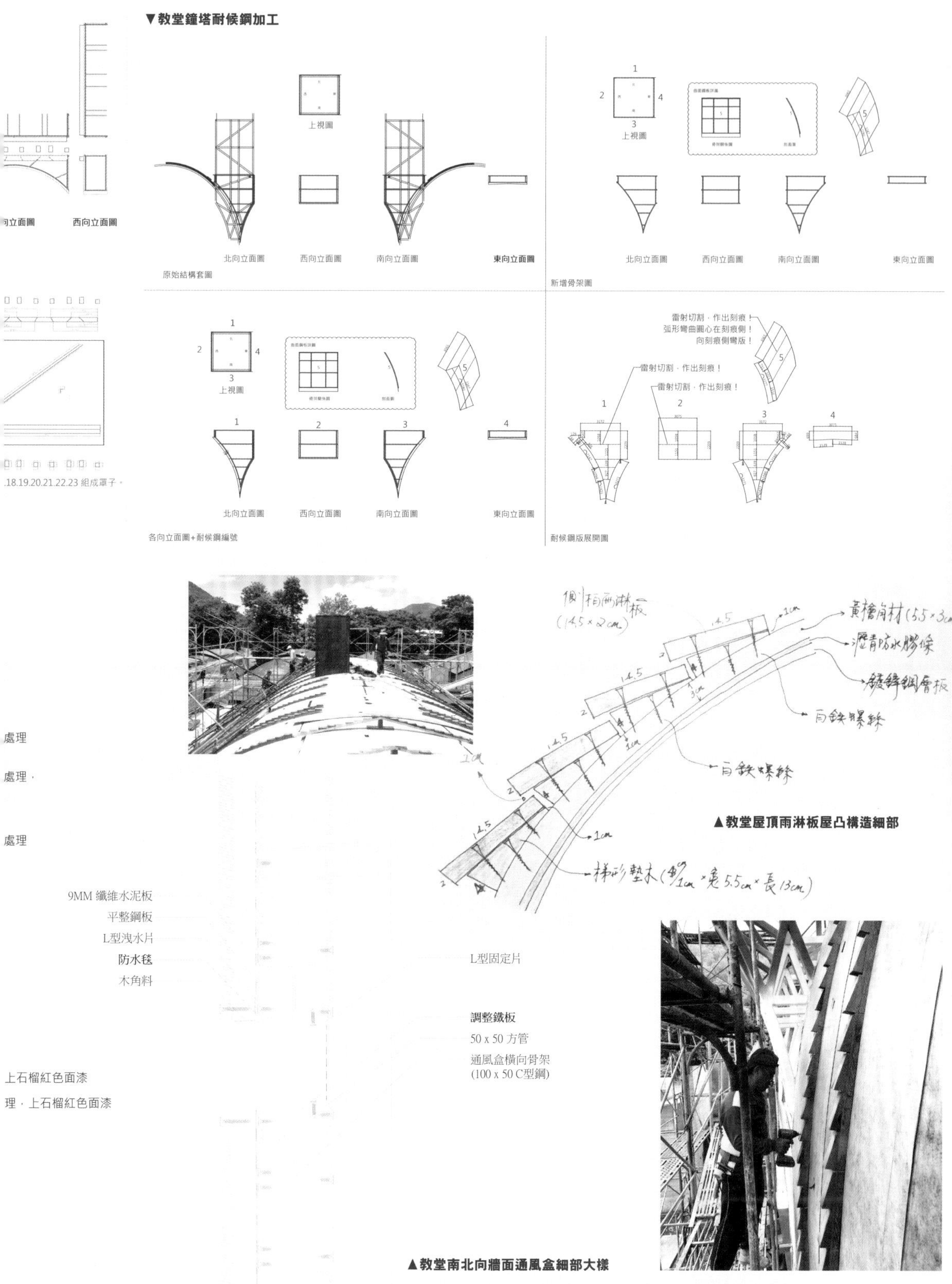

▼教堂鐘塔耐候鋼加工
向立面圖
西向立面圖
上視圖
北向立面圖
西向立面圖
南向立面圖
東向立面圖
原始結構套圖
上視圖
北向立面圖
西向立面圖
南向立面圖
東向立面圖
新增骨架圖
上視圖
北向立面圖
西向立面圖
南向立面圖
東向立面圖
各向立面圖+耐候鋼編號
雷射切割，作出刻痕！
弧形彎曲圓心在刻痕側！
向刻痕側彎版！
雷射切割，作出刻痕！
雷射切割，作出刻痕！
耐候鋼版展開圖
.18.19.20.21.22.23 組成罩子。
處理
處理，
處理
9MM 纖維水泥板
平整鋼板
L型洩水片
防水毯
木角料
上石榴紅色面漆
理，上石榴紅色面漆
L型固定片
調整鐵板
50 x 50 方管
通風盒橫向骨架
(100 x 50 C型鋼)
▲教堂南北向牆面通風盒細部大樣
▲教堂屋頂雨淋板屋凸構造細部

2018 年 7 月教堂鋼結構骨架吊裝完成。

【看工程】之五

蓋新院舍的人們

偏遠以及多雨，上天的考驗

「二〇一八年六月，較以往晚報到的梅雨季依然降臨六龜，宿舍棟鋼構主結構剛剛吊裝完畢，接下來的牆面模板組立、屋頂施作等作業，都只能在陣雨間趕著進度……。」像這樣的工地景況，位處中央山脈南端的六龜，每個夏季如果不是酷暑烈陽，就是傾盆雷雨，一天的工地進度，往往只能趁上午趕工，大雨一來只能在工務所檢討圖面，或是只剩室內作業能進行。

若是前夜的大雨侵襲或是遇上颱風，聯外交通受到影響，當天就沒有師傅能上工。

此外，六龜市區雖有幾家五金雜貨店，但若工地現場遇到臨時短缺的建築材料或工具，一旦六龜買不到，就得往外到鄰近的美濃或是旗山採買，這麼一進一出的車程，往往一兩個小時跑不掉。這些都是位處偏鄉需要面對的構築現實，也是五年營造過程中的日常。

真切地感覺到建築是團隊工作

新院舍的工務所也在二〇一八年的夏季，加入鋼構的工程師驊耕，配合長期駐地的設計監造姿宇，以及事務所設計師美恩、芷萱，加上持續派駐現場的營建團隊同仁，工地經理俊偉、工地主任國城、工程師妃吟、志仁等人，從水電、鋼筋

混凝土、鋼構、木工等工程項目，分項分工又彼此支援，問題能夠即時討論，意見即時整合，資源與工程調度開始流暢起來，新院區包含教堂與宿舍各棟的量體也逐漸完整，「這段時間可以說是建築團隊氛圍最強烈的階段。」從基地開挖就已經駐地的工地經理俊偉這樣說。

建築事務所派駐在現場的監造設計師，因應現場任何時刻的需要，能作為設計團隊與營建團隊的對口角色，依據建築設計精神做出回應判斷，減少因為溝通時程而耽誤工地進度的情形。

「建築師對於這個案子的細節非常在意，所有小細節都會要知道，像是線有沒有對齊、天光會灑在哪裡，連廁所磁磚的倒角都會很在意。」事務所設計師謝美恩笑著說，「因此經常從現場回饋意見回來。有時候工地現場就等著我們給圖施作，趕圖的壓力也蠻大的，我跟芷萱常常是事務所最晚下班的。」

「有時候隔天現場就需要圖，也會通宵趕畫。」負責教堂設計的陳芷萱提到，特別是因為這個案子在材料使用上非常多元，在色調細節上花了很多心思。像是為了要讓教堂的屋頂與住宿單元的原屋頂浪板顏色相似、看起來自然一些，也花了很多時間調整。

儘管臺北到六龜路途迢遠，事務所的成員們仍然

輪流南下駐守現場，何保忠經理也提到，「早期要勘查，光是搭高鐵來回、從高鐵到達工地需要租車，出發時一大清早，回來往往已經半夜。交通費用也很驚人。」他笑說，「但建築師好像覺得這很合理，他沒有在思考花了多少錢，只想著要怎麼把它做好。」

工地才是真正的建築學校

在清水建築工坊的團隊特質中，「學習」是很大的特色，常常發生問題或是瓶頸狀況的工地就是最好的教室。透過與資深工班師傅、協力廠商、資深的營造同事，共同討論的過程，累積個人與團隊的實力，在經驗傳承與創新思考的工法組合中，一定能找出適時適地的最佳解決方法。

因此，也時常能在口袋或抽屜裡，看見同事們各自利用工作空檔整理的施工筆記。

而駐地三年的工程師妃吟，在現場協助行政作業、廠商發包等的事務，她說起還在建築系唸書時就曾到工地實習，有過工地經驗後，再回到圖紙上，每一條線條所代表的意義就不再只是線條了，腦袋中就能具體舉出相對應的工法及工序，對於構築的理解變得踏實。

負責過其他住宅個案的志仁加入新院舍工地時，正好是女宿棟的鋼構測量放樣，光是一間房間就

有四十支左右的鋼柱要定位，尤其是鋼構的精準度要求高，整整花費了兩週的時間，接著才進入機電檢討與牆體等施作。由於有過住宅裝修個案的經驗，後期志仁也負責新院舍木工裝修的項目，取得事務所提供的設計圖後，營建單位就是擔任轉譯協調的角色與木工師傅溝通，師傅們普遍有慣用的手路，在不違背設計精神的基準下，在現場與師傅一起完成收尾收頭，替未來入住的孩子們找出最合宜的品質。

為孩子們構築，是很大的能量來源

漫長的構築過程中，遇到挫折在所難免，外派到六龜駐地的監造姿宇，剛到工地沒多久，在育幼院餐廳吃飯，鄰座的院童對生面孔的她好奇，一聽到她正在工地中建造新的院舍，孩子們眼神一亮說：「什麼時候可以住進新房子呢？好期待喔！」聽到孩子們的回應，對新家充滿期待的熱切心情，她內心重新有了動力，為孩子構築的信念，成了她最大的能量來源。

擔任工地主任的國城則說，過去在其他工程，無疑都在追趕工地進度，眼前都是務實與理性的營造，但在六龜山地育幼院，時常能遇到孩子們有禮貌打招呼的臉龐，讓他深深感受到構築的意義不同了；在接近完工前夕，回想這五年，已經熟悉的工地風景也變得很不一樣。

築工坊
07-3582906 142

30
君茂
清水建築工坊

新院舍落成前夕即景

看見建築的藝術性，守住建築的溫度

邱文傑建築師╳廖明彬營建家

對談時間：2019.10.28

邱文傑　做育幼院這個案子，可以說是我職業生涯目前為止，執行最久的案子，但人生也就是這樣，很多事情要到後來才會明朗，才能釐清做這事情需要的時間，原來要這麼長，這十年來，整個設計過程一直在演變進化，但，我認為這一路就是「承諾與實現」的過程，而且我一開始就有這個意識，要跟大家走在一起，面對所有的變化，盡量做到最好。

我沒辦法形容這樣堅持到現在是為了什麼，我是很愛做設計，也希望把設計做好，但我總覺得這背後，應該還是有更重要更有趣的事情。我記得我跟楊牧師說過「I came here for a reason」，這句話很貼切，我到現在還解不出來那個reason是什麼，但我相信應該是有個信仰存在，所以就一直往前走下去，才有機會與廖董合作，碰到我生命中的剋星（笑）。

廖明彬　文傑講我是剋星，我反而覺得，一路合作相處到現在，兩方扮演不同角色擔起不同的責任，但我們目標是相同的，人就是這樣，只要目標一樣，一起走到最後，會變成相知相惜，想一起把事情做好做完。像文傑的團隊，無論是美恩、Adam，都是很棒的夥伴，看他們在這邊的付出，真的很感動。也許文傑第一次遇到像我這樣的剋星，但其實我不是第一次遇到這樣的合作模式，像我知道有些設計將來會產生使用上的問題，以一個專業施工單位我也不能妥協，會跟建築師在設計上來回的討論，因為身為施工者很在意，畢竟將來萬一需要維修，業主都直接會叫施工單位，修繕就是我們在做，我們這部分的經驗太多了，必須適時回饋意見出來。

講到堅持下去的理由，身為營造單位，建築師都能堅持下去，我們為什麼不能堅持到最後，業主牧師與師母很Nice，我想這是支撐我們願意走下去的最大原因，無論是建築師，或是我們，沒有放棄目標，沒有放棄守住建築的靈魂。還有對育幼院的責任，對孩子的責任，營造單位在現場堅持了四、五年，在能做的範圍裡做到最好，回應到孩子們所期盼的新家。

邱文傑　設計的過程中，很多想法在當下與業主溝通時，未必能得到具體的需求回饋，很多時候是一直走到後來，業主才發現原來當時想的不是這樣，甚至到蓋到一個階段，業主才理解當時設計溝通的實際樣貌，加上時間在走，時代在變、觀念在變、法規在變，需求也會變，很多因素都讓當下的設計陷入掙扎。有很多建築師在這裏會認為算了，就放棄了，但我不放棄，我知道哪邊還沒處理好，哪邊還需要溝通，我就是會繼續堅持下去，雖然常常把自己又推進另外一個掙扎，但一路就這樣來來回回，走到現在。

廖明彬　像文傑這樣來回自我思辨，我認為是建築設計中很重要的過程，不斷的收斂折衷，到最後一定會走出一個最理想的結果來，過程中不斷調整，我想建築師也好，施工單位也好，都只能在過程中盡力。像這個案子走這麼久，從設計到施工都很花時間，很多細節從建築師的思考，到現場施作都是一體的，用很平凡的材料，用心思去設計、去施作，一切很手工的，而不是用很高級的東西去完成，例如，要通風的話，一般最快的做法就是安裝通風設備最省事，但我們決定不要用高貴的設備，想要自然通風，又要怕雨水進來，所以建築師跟我們一起想出對策，接著要靠現場的師傅去完成，這不是一個制式的生產，在現場手工打造就花不少時間。

邱文傑　像是處理宿舍每個房間屋頂外緣那圈的天窗，有了採光，有一點點通風，光那一點點就拉扯很久。

廖明彬　是啊，但這樣拉扯才有辦法去講建築的手作、溫度，否則就跟蓋一般房子沒兩樣。

邱文傑　又像是教堂的通風與採光的想法，廖董的團隊很細心地繪製了所有的施工圖，構件與構件間的介面也考慮周全，像是通風口的斷水細部就做得不錯，開口要斷水又要有風進來，是很高難度的事情，他們就把細部都收得很好。

廖明彬　在教堂這邊是比較複雜，只要材料設定用鋼構，就少不了混凝土基礎、玻璃、鋼構，而且只要有開口、有通風，就有玻璃，有基礎就一定要有混凝土。不過，教堂外觀看起來是很純粹乾淨，外牆穿上雨淋板後，我覺得

1

2

為整區加分不少，而且不只是視覺效果而已，對教堂內部空間更有阻熱效果，木頭本身不大吸熱，雨淋板跟金屬板中間還有空氣層，室外的熱傳到這邊會被阻隔，有點雙層牆的概念，所以教堂不會有熱的問題。

邱文傑　雨淋板是這樣，我覺得原住民就是要跟木頭、鋼構、水泥等有關係，要用原始的材料，因為必須是原料，但又要有細緻感，水泥接鋼構、鋼構接耐候鋼等，加上這個育幼院給我的直覺就不是方的，所以我設計了一個半圓的屋頂，這些都很累人，還好有廖董的團隊。

廖明彬　在材料細緻的使用上，像是文傑在宿舍外面的混凝土牆上，脫開兩道洩水線防止清水模未來可能因雨痕留下的髒污，也因為這兩道縫，視覺上讓各量體之間有了更緊密的關聯性，用水平線去提高一致性，加分不少。但是的確，在工程施作方面，模板就得多預留這兩條縫，以及後續塞入鐵片的工時。

邱文傑　男生宿舍棟一樓室內的模板造價較高，到了二樓以上的外牆清水模，我們就想用更簡單經濟的材料來施作，所以用一般模板加上水平線條的溝縫，我認為視覺上的精緻感提升了不少。

1. 宿舍單元外牆模板組立中。2. 2016 年 12 月廖董與建築師說明清水模打樣的結果。

1

2

3

廖明彬　很多建築的思考，會認為反正議題講完了，形式做完了，大概就結束了，但是這樣的建築沒有感覺，沒有溫度。建築的溫度來自於對每一個建築過程的付出與累積，或許每個人對美學的看法不一樣，但我認為文傑的建築，是有感覺的，有溫度的。

我們合作的過程中的確會有一些拉扯，我一樣是學建築出身，在施工上絕對會尊重建築師，一起守住設計精神，但我是做工程的，就是會在理性上多一些機能的考量，施工上會多一些可執行的考量，我想剛剛文傑說的剋星應該就是在指這點，像是我會在意未來會不會漏水的問題，會不會給使用上帶來困擾，這點就會是身為營造單位的理性。當然建築有理性與感性，一個想像一個落實，在這過程之間不放棄，一起把想像實踐出來，建築的溫度就這樣油然而生。

我在扮演我身為建築人的角色，無論跟哪個建築師合作，在合作的過程，就是盡力把建築師想創作的建築實踐出來。建築本身就是一個崇高的東西，涵蓋很多，不是單一的視覺而已。有太多的使用需求、太多材料物料要放在裡面，建造過程需要太多人參與，我站在營造者的專業上，無論材料或工法，都要為建築師落實、完成建築師的想像。但是能不能百分之一百的實踐，其實有很多現實要考量，不能百分之百的時候，也會遇到建築師提出質疑，覺得怎麼可以這樣，所以文傑說我是剋星，就是這樣來的。

邱文傑　再怎麼說，我知道廖董的團隊對品質的要求是很高的，這點非常棒，像工地經理俊偉，我到今天都還搞不懂為什麼有人能像他這樣，已經做了這麼久還不會累，還願意按部就班地做。要是換作是我，一定趕快蓋完趕快跑了，但是從這裡就能看出來，他有一種慣性——要把事情做好，我覺得這就是清水建築工坊的家教，要能夠沈得住氣，讓事情不只做完還要做好，這點我真的很佩服。

我還沒有放棄去找出最好的答案，這大概就是廖董說的溫度，我自己像這樣的思考拉扯會出現在很多地方，十年來，設計思考的每條線都是這樣過來的。設計是很有機的產生，不同時段蹦出不同的想法來，我喜歡在這些過程中，看到建築的藝術性，看到建築裡有生命。

接下來，育幼院還有一些未來的規劃，我已經有很粗略的想法，不過先把新院舍這邊搞定。

4

1、2、3. 營建過程中聚集討論。4. 2017 年 12 月女宿棟基礎灌漿前夕。

Chapter 5

打造 屬於自己的家

隨著新院舍工程進行，育幼院的孩子們也對這個未來的新家充滿好奇與期待。建築團隊在原有院區與新院舍中找出讓孩子們發揮創意的角落，讓他們一起親手參與、留下共同創造的痕跡。從原有院區的咖啡棚架、磚窯，到新院舍中的集水盆、牆面彩繪、洗手檯馬賽克磚拼貼，孩子們的創意讓這個山中的城堡增添了專屬於他們的新鮮色彩。

2019 年 11 月新院舍宿舍單元牆面彩繪中，院童們畫著合唱團練唱時的景象。

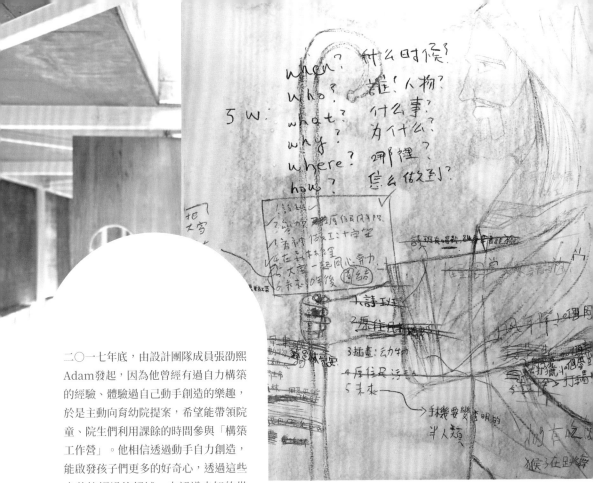

二〇一七年底，由設計團隊成員張劭熙Adam發起，因為他曾經有過自力構築的經驗、體驗過自己動手創造的樂趣，於是主動向育幼院提案，希望能帶領院童、院生們利用課餘的時間參與「構築工作營」。他相信透過動手自力創造，能啟發孩子們更多的好奇心，透過這些未曾接觸過的領域，去認識未知的世界，也能對未來有更多的想像力；同時，他也認為透過逐步引導自我思考，建構思辨力，更有能力獨立思考，學習判斷，練習做出選擇。

1

2

院童參與，動手自力創造

參與舊院區咖啡棚架組立

自從育幼院成立「東溪原創工作坊」開始自家烘焙咖啡作為義賣商品後，在院區裡設有咖啡座供訪客休憩、品嚐咖啡。而到了二〇一七年底，設計團隊有了院生參與自力創造的想法後，提出在舊院舍庭園中，打造咖啡座棚架的構想，Adam提出九組連續交叉拱型的鐵架組，結合遮陽傘的集合棚架，在其中作出一點變化，破壞些微原有的秩序，創造出些微複雜凌亂感，卻可凸顯出自由奔放的性格。接著研發遮陽傘的細部，拼湊市場尚可購得的五金零件改裝，找來鐵工協助燒焊桿件，成為可以收放自如的傘開關結構。到了組立階段，他廣邀院生加入協助棚架組立，十位左右的院生，從國小五年級到大學生參與，在組裝的過程如有遇到問題，Adam帶領大家一起想辦法，嘗試與解決，完工的那一晚直到深夜，楊子江院長也陪著大夥兒熬夜，最後還動手煮了宵夜犒賞大家的辛勞。

3

1. 新院舍宿舍單元牆面彩繪前的選題與構圖思考。2. 孩子們對新鮮事物總是好奇。3. 舊院區咖啡棚架。

1

2

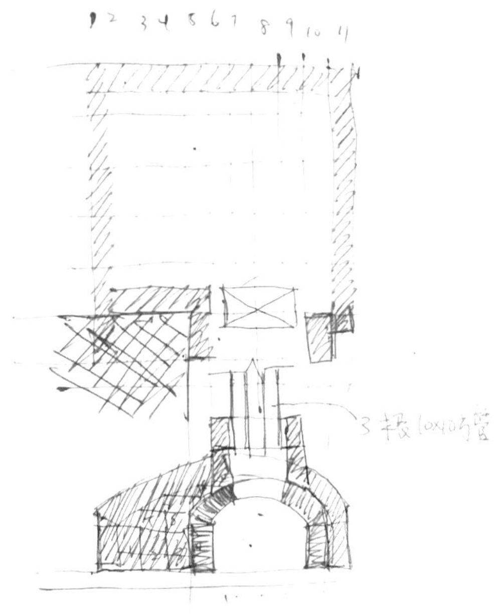

3

創造出好玩的氛圍，呼朋引伴一起來蓋磚窯

二〇一九年暑假，設計團隊再次提出工作營的想法，育幼院以實用性考量提議蓋一座磚窯，認為未來可在院裡烘焙披薩等。同樣地，由建築設計團隊提出執行方案，由於先前已經有過合力搭設咖啡棚架的經驗，Adam再度向院生發出邀請，找大家一起邊玩邊做，他提到這個邀請的秘訣，必須創造出要很像卡通「湯姆歷險記」裡的氛圍，先讓參與的人感覺到有趣，他們自然會在團體裡傳達出正在做一件很有趣的事情，才會吸引其他人加入。接著，他告訴大家專業施工的大原則，並且示範操作方式，至於施作範圍、材料介面等細節，他鼓勵院生發參與討論與發表意見，帶領大家共同決策。這過程雖然辛苦，但是擅長團隊合作的院生們互相幫忙，憑著責任心與使命感，在夜裡仍挑燈夜戰，完成了這座第一次試燒就成功的手作磚窯。

1. 暑假期間院生參與構築。2. 向工地經理俊偉諮詢構法細節。 3. 窯體構法的構思草圖。
4. 土法打造巨型集水盆。 5. 將移入新院舍作為導水天溝下的集水盆。6. 完成後的磚窯。

4

5

6

女孩入列，打造巨型集水盆

然而在建造磚窯的同時，另外一組由女院生參與，打造新院舍集水盆的工作營也在進行。Adam向參與的院生們說明製作的構想後，就由院生自行操作，大夥兒先堆出土球，用模板削出半球體後，鋪上水泥，適時放上鐵絲網加強盆體結構，最後再以模板削出盆內的空間，這些過程裡的執行包含泥漿的比例，加入鐵絲網的時機判斷，都由院生自行斟酌執行。這些用在新院舍建築體周圍的導水天溝下作為集水盆的大容器，也是女孩們第一次參與這種原本印象中的粗活，共同克服想像中的困難、超越自我極限，未來有機會必定能踏上更寬廣的道路。

彩繪自己的生活空間

在新院舍的住宿單元外，設計團隊特地留下白牆，希望引導院生們擷取自己生活周遭的故事作為繪畫題材，為自己未來的生活空間彩繪。在這過程中，鼓勵院生發揮獨立思考的思辨能力，並在這些思考過程中，逐步凝聚出自己的想法，也期許有助於他們在成長路上找出未來的人生方向。協助大家構思好創作的題材後，**Adam**先帶領大家在木板繪製等比例的畫作，有過大尺寸畫作的繪製手感後，接著到新院舍現場實際創作，初期茫然摸索題材的大家，經過這樣一步一步踏實地前進，慢慢也畫出了想像中的圖像；而透過自己的雙手透過畫作表達意見，其成就感也想必能帶來內心的安定，逐漸讓內在更加強壯——這也是建築團隊所期盼的成果。

2019 年暑假共同完成新院舍宿舍單元牆面彩繪。

Chapter 6

山間的喜樂之家

下一個六十年

從楊老牧師在大苦苓上與教會的弟兄們一起蓋起給院童的第一個老棚屋，到新院舍築成，整整六十年間育幼院也在體制上逐漸轉變，朝向更為專業的管理體制。當新院舍啟用後，如花園般充滿山城綠意的原有院區也將重新整理。在下一個六十年，育幼院將持續與時俱進，以更為現代化的思維打造這個山間的喜樂之家。

楊老牧師的「交朋友、養小孩、傳福音」精神，不止構建起原有院區的閒散聚落式生活空間，也孕養了整個六龜山地育幼院的孩子們整整六十年。而新院舍的建成，結合了關懷臺灣文教基金會的志工精神傳承、建築師琢磨推敲的設計巧思，以及在偏鄉構築的營造能量，共同灌注在漂浮在山中的小小城堡中。這個環環守護孩子們的山間新家，將迎來下一個什麼樣的六十年呢？

以現代化社企思維，向未來邁進

邁向專業的管理體制

風災後，隨著社福安置機構相關法令的發展，在新院舍的設計、建造這十年裡，育幼院的營運，也從早期以楊老牧師夫婦兩人為主的人治管理，在楊子江院長夫婦的帶領下，慢慢轉變成社工體制管理；不僅有專業社工背景的成員加入，院內原有的老師與行政人員們也紛紛再進修相關專業知識、取得專業執照。過程中，現代化的管理體制也漸漸成型。

比較特別的是，除了專業背景的人員之外，也開始陸續有幾位過去在育幼院長大的院生，在學業完成後，回到育幼院來負責行政、或帶領詩班合唱團等工作。每每在院區中遇到這些老師，聊起早年的育幼院生活，還是讓人濃烈地感受到過去楊老牧師傳承下來、充滿無限包容與愛的精神，對育幼院的孩子們所產生的深厚影響。或許正因為有這些院生變成的老師們回到院裡，傳承當年親身在育幼院中的成長經驗，因此過去楊老牧師夫婦們所建造出來、充滿愛的家庭感，也才能持續與現代化管理共同保留在育幼院中，持續地融匯出帶有濃厚溫度的大家庭。

朝向未來生活演化的空間構築

邁向現代化管理所產生的體制性要求，也反映在新院舍的構築設計上。建築師邱文傑最早以「大家庭」的設計概念，將孩子們的睡舖設計成通舖的想法，後來就因兒少相關管理辦法的要求，而改成單一個別獨立的家單元，並配置有各保育生輔人員的休息房間。

營造承包的營造廠董事長廖明彬，對於新院舍的設計過程中，育幼院生活形態如何朝向現代化的演化過程亦感同身受，他觀察到建築設計上的不少變更來自建築師邱文傑自己對育幼院孩子們生活的思考：「文傑會觀察整個環境與建築動線的關係，去做新的調適。」廖董笑著說：「如果把現在蓋出來的房子，跟三、四年前的設計圖相比，會發現已經都不一樣了。」

而作為營造方，這樣與時俱進的變更是否也讓建造的過程中滿挑戰？廖董認為，所有的建築還是需要回到業主的生活需求，回應需求的設計變更，都有其必要。「因為建築是一個過程，從建築師進入設計、一直到施工完成，開始使用，只有業主是會在整個過程中不缺席的存在。」

咖啡、手工皂工坊——傳承自給自足精神的社企模式

新院舍築成後，育幼院的行政與生活空間將移轉到新的院舍，留下一大片如花園般迂繞、充滿山城綠意的原有院區也將重新整理，在未來繼續規劃成文創聚落。不過，過程中要牽涉的面向很多，目前仍在慢慢規劃。在未來，舊的院區與新院舍、以及周邊範圍，將以聚落的方式來思考三個空間彼此如何結合，讓舊有院舍仍能保持開放參訪、新院舍作為院童生活起居的主要空間，同時能將周邊區域更善加利用等。

而在這些規劃的思維中，最重要的將會擴大院童們的養成與培育，希望他們未來能有自立生活能力。楊子江院長表示，「早期我們以生活照顧為主，孩子們離開育幼院，我們的任務就算結束了，最多後續追蹤一年；但我們希望孩子們在育幼院生活的期間，也能提供他們未來就業或是謀生的技能，來銜接離開育幼院後的生活。」

因此，早在新院舍構築之前，育幼院在每年農曆年節假期，就由師長們帶著孩子一起經營福利社、用自己手作的商品義賣。長年帶領這活動的教保組劉行健組長認為，讓他們學習計算成本、買材料、定價等，體驗小型經營的流程，也教導他們商業營運的初步思考。

除了年節的小賣店，目前在育幼院中，也有自焙咖啡豆與自製手工皂的

義賣項目。

開始發展自烘咖啡，是由於現任育幼院院長楊子江的小學同學隋元堅師傅從日本帶回烘豆技術。六龜出身的隋師傅以前就住在六龜教會對面，兩人從小就玩在一起。他母親過去也是楊老牧師在六龜中學的同事，兩家彼此很熟識。隋師傅後來由於父親工作的關係，移居日本求學、生活；後來父親過世後，隋師傅想回臺灣照顧仍住在六龜的母親，因此興起將日本的咖啡技術帶回六龜的念頭。楊子江說，「知道隋師傅的作法以後，我們想或許烘豆子這門技術，會引起喜歡新潮流的院生們的興趣，因此引進設備，找隋師傅來慢慢教我們，孩子們利用課餘時間協助，開始了育幼院經營自烘咖啡的項目。」

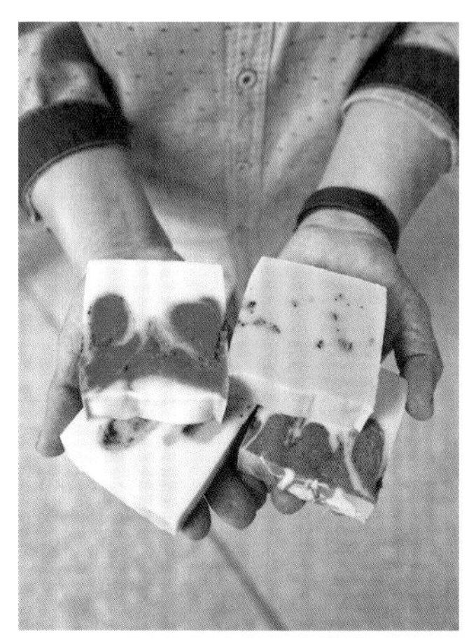

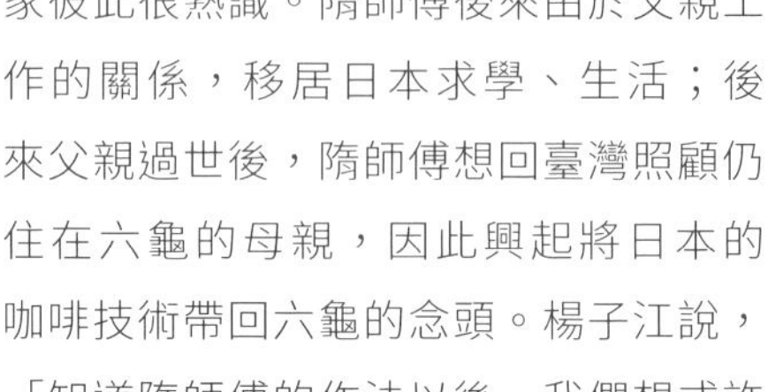

而自製手工皂的機緣，則是來自財團法人臺灣希伯崙社會公益協會捐贈茶樹，種植之後再加以利用，所開發出來的新品項。義賣之餘，也讓孩子們參與生活用品的生產，餘料也在院內平常生活中使用。

目前無論是咖啡或手工皂，都是利用應許樓的烹飪教室作為製作場所，在未

來，或許將搬遷到閒置下來的舊建築中，以專用的手作工坊方式，一方面繼續讓孩子們學習技術，另一方面也能繼續穩定產出義賣品項，以社會企業的模式繼續經營。

結合六龜街鎮再造的未來風景

在美濃大地震後受損、位在六龜街上的兩層樓教會建築，儘管目前暫停使用，不過在新院舍築成後，育幼院也有計畫將之重新整修改建。

「以前我們每個禮拜天，會帶孩子們回到市區的教會做禮拜，在那邊可以感受到整個六龜地區對育幼院的支援跟濃厚的人情味。」師母說，早期以人力照顧為主時，只要遇到年節福利社或是院慶等大型活動，教會的會友們會主動來幫忙育幼院，充滿了人情味。

在未來，隨著新院舍建成，街上的六龜舊教會也將啟動改建計畫，在保留一樓舊有建築的基礎上改築再利用，重新打造為六龜市街的節點。「未來除了教會功能外，也許能撥出一部分空間作為實習店面，這些部分

都還在思考、規劃的階段。」楊院長提到，在未來，除了育幼院作為安置機構的工作外，也希望能整合出面向社區、當地民眾的新接點，與六龜當地社區做更緊密的連結。

為了六龜山地育幼院的新院舍的興築之外，近期造訪六龜小鎮，也能感受到這個小小山城裡頭有些變動正在發生。街上原來閒置的日式舊建築，目前因為前瞻計畫中的「六龜之心・山城再造」計畫啟動，亦為街上各處注入再造的活力。如過去在日治時期作為原住民與平地物資交易所的「洪稛源商號」，作為舊有客運站使用的日式木構建築「池田屋」，都正在進行修復工程，預計於二〇二〇年完成。

風災後十年有餘，我們嗅聞到這個偏鄉山城，似乎也吐露出甦醒、重生的新鮮氣息，結合著濃溪的自然風情、六龜悠久歷史縱深，以及重新揉造的生活環境，重新串連土地與人們，隨著六龜山地育幼院新院舍落成，展開新氣象，或許也將與市街的修復再造，共同構築出屬於這個偏鄉山城的嶄新未來風景。

Chapter 7

在地連結

六龜緣溪行

花生粉蛋餅
六龜區公所
六龜
浸信會
池田屋
光復路
華南路
六龜國小
六龜圖書館
7-11
太平路
全家便利商店
六龜菜市場
郵局
寶來36咖啡愛玉
寶來小吃部
樣仔腳文化共享空間
寶來花賞溫泉公園
不老溫泉
六龜大佛
荖濃溪
獅山胡椒園
六龜山地育幼院
東溪大橋
源通香腸
六龜大橋
三合橋蝴蝶谷
十八羅漢山
台27甲
台27線
荖濃溪
新威森林公園

漫步六龜

新威森林公園

從高雄都會區域進入六龜地區，第一個行政區域就是新威里，「新威森林公園」隸屬茂林森林國家公園範圍，佔地三丨甲，就位在荖濃溪西岸的台地。因為土壤肥沃適合育苗，曾是全臺最大的苗圃之一，園區裡以培育熱帶林苗木為主，像是多半使用在高級家具製作、世界名貴木料之一的桃花心木，用作建材與一般木料應用的杉木，以及與民眾生活緊密使用的竹子等木苗種植最多。園區內長達兩公里的桃花心木並木步道，是觀光人氣景點，夏季綠蔭扶疏帶來涼意，而遇冬末初春時節，綠葉轉紅後逐漸掉落，步道上鋪滿黃紅黃色落葉，讓南國大地成為季節畫布，是六龜每年冬季的風物詩。此外，園區內設有新威遊客中心，館內設有咖啡雅座，常設展覽讓民眾認識六龜地區的生態，以及不定期主辦文化與生態特展。

新威森林公園
地址：高雄市六龜區新威里新威171號

寶來花賞溫泉公園

二〇一七年開園的寶來花賞溫泉公園，自寶來大街步行約十五分鐘可抵達，途中穿過當地居民鄰里巷弄後，可由寶來國中後側階梯入口進入，沿途登高途中，可眺望寶來街區景緻。公園內設有足湯、手湯，以及增設的大眾湯屋預計二〇一九年完工。園區內浦來溪頭社戰道是日治時代保留至今的運輸步道，以及園區內種植千餘株依季節盛開之繽紛花樹，花旗木、藍花楹、美人樹等，全年度賞玩健行皆宜。

寶來花賞溫泉公園
位置：寶來國中後方

攝影：林怡君

中興里蝴蝶谷－三合溪生態園區

位在六龜中興里的荖濃溪東岸三合橋畔，是許多在春夏繁殖，冬天遷徙到南部山區過冬，越冬型的臺灣紫斑蝶棲地之一，早年有多達四十萬隻蝴蝶飛舞穿梭，但因為八八風災造成棲地破壞後，蝴蝶數量銳減，近年經過林務局投入預算，將此區列為蝴蝶復育重點區域，當地居民參與通力合作，包含扇平林道廣種蜜源植物，已成功吸引蝴蝶重返六龜。園區內亦提供蝴蝶生態小旅行導覽解說服務。

中興里蝴蝶谷－三合溪生態園區
位置：臺27線、扇平林道與三合溪橋畔

六龜市集

清早走入在地的市場是了解當地生活最直接的方式，位在六龜農會後方的六龜公有市場，鄰近小農耕種或養殖的新鮮山產蔬果應有盡有，然而，鄉下地方土地廣闊，家戶之間距離遠，平時難得見上一面，在市街上相遇總不忘多一兩句問候交換近況，市場物產交流間，也是情感傳遞的時刻。

六龜區公有零售市場
高雄市六龜區四維街40號一帶

六龜舊市街重建改造（2020年完工）

開車從都會區走來，沿著臺27甲線可直通六龜大橋，但一般遊客通常會錯過沿著光復路直行的六龜市區，這裡是六龜區的市政中心，區域內包含區公所、衛生所、消防隊、六龜國小、圖書館等行政據點，六龜山地育幼院遷移前的舊址六龜浸信會，就在光復路與華南街口的中心地理位置上。

過去日治時代林業、樟腦開採業興盛的時期，六龜市中心曾經繁華鼎盛，有過歌舞昇平的景況，但在臺灣林業禁採法令施行後，原本的林業沒落，這個曾是六龜經濟重心的區域也跟著停擺，加上經歷莫拉克颱風肆虐南臺灣後，六龜市街更是日漸蕭條。

近年，因應國家偏鄉復興等相關政策，由高雄市政府與六龜區公所聯合推動的「六龜之心山城再造」計畫，正在改造重建六龜街區，整合重要的歷史建築，地方指標空間，串連成亮點軸線，作為六龜歷史人文與觀光結合的發展廊帶，收束六龜地區發展歷史長河中的精華，其中由張瑪龍陳玉霖聯合建築師事務所負責的「洪稛源商號」、「池田屋」的改造工程項目，備受矚目。

洪稛源商號 原為日治時代，漢人與原住民的山地特產物品交易的場所，原住民獵捕的山羌、老鷹等物產，可在此交易金錢或其他民生用品。當年由旗山人洪氏至此開發所建造，在建材取得不易的年代，山區中的磚造房屋罕見，屋緣留有通透的騎樓，具有日式建築簷廊中的元素意象感，立面上屋頂的磚

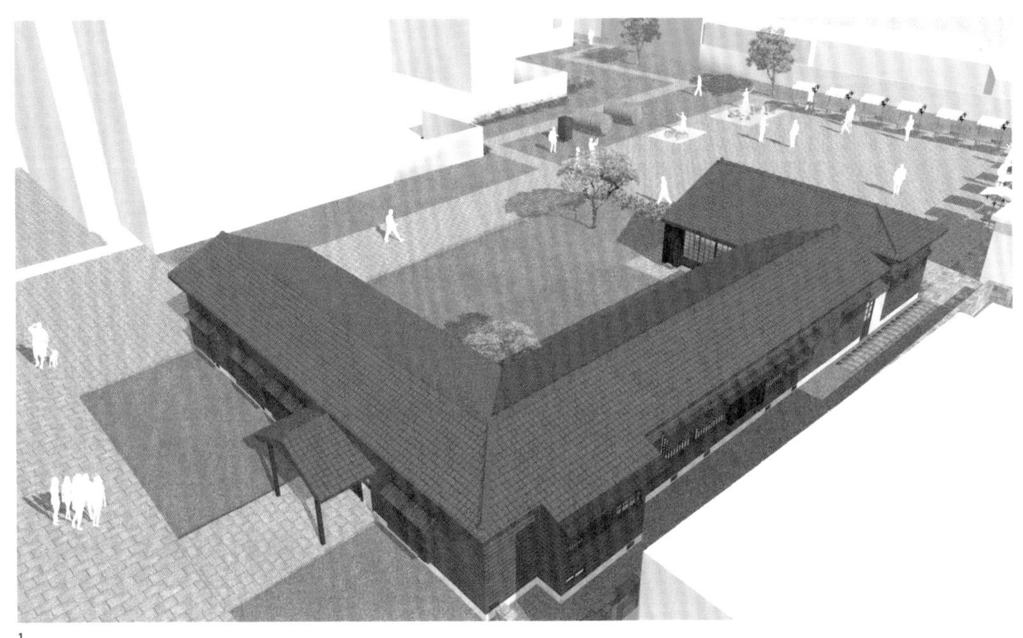

1

造女兒牆十分醒目，在當時也是當地地標之一，至今傳承至第四代，未來改造後將成為在地小農的農產品展售中心。

池田屋　同為日治時代所建造的，屋齡九十年是日治時代日本人所興建的旅社，作為接待訪臺日人之用。光復後輾轉作為高雄汽車客運六龜總站，是茂林地區與桃源鄉等地的交通運轉樞紐，主體結構為大紅檜木建成，三棟一層樓高的木構屋舍保存得宜，被列為歷史建築成為六龜區第一座歷史建物，是難得一見的日式旅社形制建築，整建過程中保留原建築牆體的「編菅莖夾泥牆」，是高雄目前少數僅存的建築樣式。整建後的空間，未來將改造為六龜故事館與旅遊資訊中心使用。

2

〔本單元圖片提供:張瑪龍陳玉霖聯合建築師事務所〕

3

4

1. 池田屋將改建為六龜故事館及旅遊資訊中心，此為園區鳥瞰模擬圖。2. 同計畫中臨近神農宮山腳公園施工中照片。3 洪稛源商號整建前照片與完工後模擬圖。 4. 池田屋整建前照片與完工後模擬圖。

美味六龜

源通香腸

從六龜市區通過六龜大橋往育幼院時，稍微留意往茂林方向右轉，肯定會被一排臨時靠邊停放的車輛吸住目光，陣陣碳烤香味傳出的源頭，就是這家經營四十年的碳烤香腸攤，當天製作當天賣完，現烤現吃，配上店家豪邁提供的蒜片、生薑片，肉質肥瘦適中不膩不柴，鮮美肉汁滿溢，成為眾人拜訪六龜的定番美味，而熟客上門丟下鏗鏘暗語般的「一組！」，可是每日限量的米腸與香腸組合，可切盤淋上醬油膏佐味，也可讓店家劃開米腸塞入香腸，大口咬下，一次雙美味入侵味蕾，吃過難忘懷。

源通香腸
地址：高雄市六龜區57 號
營業時間：14:00-18:30，週一公休

鄭家粄條、無名麵攤

六龜市區幾家麵館，是當地民眾拯救碌碌飢腸的補給站。由於六龜緊鄰美濃客家聚落，六龜地處山區，可取得的食材也因與鄰近聚落交流後變得十分多元，粄條也就成了麵食攤常見的食材之一，這家位在太平路上的鄭家粄條，風味家常菜單簡樸，常常一碗粄條配上滷菜數款，就已填飽肚子，掌廚的老闆娘，閒暇之餘從圖書館借來圖書閱讀，常常料理台上就攤讀一半的小說，等著稍後有空能接上書中情節。光復路上的無名麵攤，一樣是家常味道滿溢的傳統麵館，各式麵食應有盡有，滷汁香醇的滷肉飯，上桌前撒上肉鬆，讓人想起在鄉下阿嬤家吃飯，帶著祖母寵愛式的不計成本加料，掌廚的兩位大姐，備餐打包動作行雲流水，而且來的幾乎都是熟客，閒話家常的爽朗聲線，素樸簡食更添美味。

鄭家粄條 地址：高雄市六龜區太平路20號
無名麵攤 地址：高雄市六龜區光復路89號

寶來36咖啡愛玉冰

從六龜山地育幼院車程約二十五分鐘即可抵達寶來，36咖啡愛玉是當地盛名的甜品店，採用當地的新鮮高山愛玉子，自家手工搓洗而成，愛玉果凍口感超彈牙滑順，結合部落風味的小米愛玉，與創意口味咖啡愛玉，是店裡招牌口味，無論飽餐一頓後，還是泡完溫泉洗去一身塵囂，來吃一碗沁涼愛玉，絕對是深入六龜區最內行的選擇。

寶來愛玉36咖啡愛玉
地址：高雄市六龜區中正路36號

寶來小吃部

由於高山產梅，當地許多餐飲業者就以梅子風味入菜，「寶來小吃部」就是其中具代表性的店家，可以說是引起梅子風味餐的始祖，梅子雞、梅子排骨是遊客入座後必點的菜單之一，每年親手醃製梅子，鹽漬、日曬、糖漬，反覆倒出梅汁後置放一段時日後，汲取寶來山中日月精華的梅子，與食材共同烹煮，六龜的風土也一起上桌了。

寶來小吃部
地址：高雄市六龜區中正路34號

檨仔腳文化共享空間

八八風災過後，由位在六龜區最北邊的寶來里，當地居民所發起的重建協會，在寶來一號橋頭成立社區共享空間，結合陶藝、染布、種植、烘焙等手工藝，一方面以藝術創作帶領當地民眾走出災後創傷陰霾，同時也鼓勵大家以自己力量將風災帶來的文化與生活斷裂的缺口縫合，採取社區共學共創的方式，十幾年來，匯集在地婦女的力量，提供遊客大灶餐、簡餐、見學體驗小旅行等服務，以自力建造的麵包窯提供窯烤麵包、釀漬品等農產品，以及陶製生活器皿、手染衣物等商品販售。原有在地文化作為基底，加上新的工藝技能挹注，在南方山城裡的土地更深耕，站得更穩。

檨仔腳文化共享空間
地址：高雄市六龜區寶來里檨仔腳32-8號

獅山胡椒園

離六龜山地育幼院約五分鐘左右車程的獅山胡椒農園，是臺灣唯一的本土胡椒園，一般市面上所見的胡椒都仰賴進口，三十多年前六龜人陳振山以插枝育苗法，成功縮短胡椒樹的生長週期，並且投入心力找出從樹苗移植至室外必須照顧日照量的種植要領，才在臺灣土地上開拓出辛香料的來源，胡椒樹本身從葉子到果實都有濃烈的辛香味道，幾乎沒有病蟲害的問題，因此種植過程完全不需要農藥，但後續加工也很費時，比咖啡果實小很多的胡椒成果變成鮮紅色後即為熟成，摘採後先於烈日下曝曬七日，接著冷藏三週，接著在日曬一週，胡椒才算乾燥完成。一般料理用的黑白胡椒，只有差在是否帶皮去研磨，辛辣度是一樣的，黑胡椒香氣略勝一籌。

獅山胡椒園
地址：高雄市六龜區新發里獅山78號

東溪原創工作坊／龜咖啡

由旅日六龜人隋元堅師傅，師承《烘豆學烘豆學：40年烘豆心得報告書》一書作者小野善造先生，擁有日本咖啡烘焙師與沖泡師執照，將日式烘焙風格中「完全烘焙法」將日本的咖啡文化導入六龜當地，同時也引進小野先生特別設計訂製的咖啡烘焙機，以及自日本嚴選精品咖啡豆，呈現出日本職人咖啡豆的高品質口感。目前，隋師傅指導育幼院院生自選豆挑豆、包裝等流程協助咖啡生產，以職訓的概念指導培育六龜山地育幼院院生沖泡技術，讓孩子在未來的職涯發展中多一項技能。目前「龜咖啡」產品，有與日本同品質的咖啡豆所製造的濾掛式咖啡、以及咖啡豆，可於現場或官網的義賣專區訂購。

東溪原創工作坊／天然手工皂

自民間團體捐贈茶樹種植於育幼院內後，引入嘉義嘉華中學的實驗資源，將育幼院現有的資源，例如香椿、茶樹等原料，做技術研發，也找來手工皂製作老師，育幼院開始以純天然優質的植物油作為基底，製作出馬賽皂、滋潤皂，還加入育幼院裡種植的草本植物，與烘製研磨的咖啡粉，並且佐以天然染料來呈現出六龜風土。育幼院的院生利用閒暇時間，協助手工皂的成型、整型與包裝，在外盒上貼上原住民圖騰色帶等工作。而生產整型後的手工皂餘料，也用細網材料包覆，掛於院內洗手台水龍頭邊，是日常自用皆宜的產品。目前亦可於育幼院現場或官網的義賣專區訂購。

購買方法：六龜山地育幼院現場義賣／官網義賣
官網：http://www.cmchtw.org.tw

六龜山地育幼院新院舍規畫建造團隊

認養興建：關懷臺灣文教基金會
建築設計：大涵設計 / 邱文傑建築師事務所
建築營造：清水建築工坊

基地位置：高雄市六龜區，臺灣
主要用途：育幼院宿舍、教堂
結構材料：鋼筋混凝土、鋼構、木材
基地面積：6999 米平方
建築面積：2661 米平方
總樓地板面積：5194.5 米平方

層數：教堂 / 地上一層、地下一層
宿舍行政 / 男宿地上二層、地下一層
女宿地上一層
設計時間：2009.8-2019.12
施工時間：2014.12- 2019.12

設計單位：
大涵設計 / 邱文傑建築師事務所
主持建築師 / 邱文傑

設計師 /
初步設計階段 _ 高吟潔、廖苡斯、金瑞涵
細部設計階段 _ 謝美恩、陳芷萱、楊勝安（3D）
劉貞吟（教堂方案）、何保忠
監造階段 _ 張劭熙、蘇姿宇、張育銘、曾培菱

支援人員 /
胡培捷（景觀）、張育銘（景觀）、陳怡君（模型）
謝明達（模型）、吳宗軒（室內家具）、胡夏鈺（家具）
范瑞真（執照）

建築營造：

清水建築工坊 /

廖明彬、陳勝義、陳俊偉、徐國城、王志仁、柯驊耕、鄭妃吟、蔡侑成、曾翊城、李馥安

模板技工 /

陳金生、阮榮樺、陳合吉、葉太山、溫士宏、黃順進、阮柏睿、陳宣如、杜明憲、林捷民、鐘和融、陳天浚、林聖裕、劉漢陽、盧順祝、林宥棋、甘哲銘、李思郡、謝易呈、吳瑞榮、陳鴻裕、李慧貞、趙延忠、陳鳳添、林和城、陳俊傑、何進佳、尤敏秀、徐永明、李豐立、李建煌、曾志雄、潘政易、張萬益、劉啟銘、陳明通、粘炎安、黃俊誠

水電技工 /

劉建峯、張通泰、張永清、李三有、李曉翔、陳冠廷、方軍捷、鄭志郁、蔣漢旗、郭添慶、黃銘文、吳旻青、張立和、李境男、張乃云、李俊瑩

木工技工 /

蔡金水、黃盛松、莊天龍、黃萬仔、蔡鶯輝、陳信順、侯敏偉、李永元、王晟鴻、王添財、陳振佳、汪心得

鐵工技工 /

張嘉良、陳榮藏、黃文諺

半技工 /

廖登洲、廖晉毅、蔡玉娥

學徒 /

劉秀玲、陳琬婷、李宛蓁、劉靜如、林慧玟、張鴻銓、潘冠霖、趙貴榮、陳佑明、陳秉宏、林義敬、潘東昇、張峻豪、王柏竣、李祐成、潘詩棋、朱明仁、李世宏

協力廠商：

水電工程 / 清水建築工坊

空調系統 / 昱承冷氣科技有限公司

消防工程 / 臺灣安立威科技有限公司

鋼構工程 / 原益金屬有限公司

滯洪池砌石 / 個人師傅潘德三

雨淋板工程 / 杉魁企業有限公司

金屬屋頂工程 / 禾鉅金屬科技有公司

屋頂企口包板工程 / 禾鉅金屬科技有公司

住宿單元木構家具 / 德豐木業股份有限公司

景觀工程 / 石潤工程顧問有限公司

在山中造一個家
六龜山地育幼院新院舍築成記

歷程紀錄｜陳辰后、黃聖凱
採訪撰文／企劃編輯｜陳辰后、劉佳旻
攝影｜黃聖凱
美術設計｜林銀玲（MUMU Design）
責任編輯｜詹雅蘭
行銷企劃｜郭其彬、王綬晨、邱紹溢、陳詩婷
總編輯｜葛雅茜
發行人｜蘇拾平

出版｜原點出版社 Uni-Books
Facebook：Uni-Books 原點出版
Email：uni-books@andbooks.com.tw
臺北市 105 松山區復興北路 333 號 11 樓之 4
電話：02-2718-2001 傳真：02-2718-1258
發行｜大雁文化事業有限公司
臺北市 105 松山區復興北路 333 號 11 樓之 4
24 小時傳真服務：02-2718-1258
讀者服務信箱 Email：andbooks@andbooks.com.tw
劃撥帳號 19983379
戶名：大雁文化事業股份有限公司

初版一刷｜2019 年 12 月
定價｜399 元
ISBN｜978-957-9072-61-8（平裝）

大雁出版基地官網 www.andbooks.com.tw

財團法人高雄市私立基督教山地育幼院
地址｜84445 高雄市六龜區東溪山莊 1 號
電話｜07-6891054 傳真｜07-6894156
官網｜http://www.cmchtw.org.tw

國家圖書館出版品預行編目（CIP）資料

在山中造一個家：六龜山地育幼院新院舍築成記 / 陳辰后，劉佳旻著．-- 一版．-- 臺北市：原點出版：大雁文化發行，2019.12
176 面；17X22 公分
ISBN 978-957-9072-61-8（平裝）

1. 財團法人高雄市私立基督教山地育幼院 2. 社會福利
3. 宗教建築 4. 建築藝術

547.1 108020537